Legitimation und Auftrag des öffentlich-rechtlichen Fernsehens in Zeiten der Cloud

Studien zum deutschen und europäischen Medienrecht

Herausgegeben von Dieter Dörr und Udo Fink
mit Unterstützung der Dr. Feldbausch Stiftung

Band 62

*Zur Qualitätssicherung und Peer Review
der vorliegenden Publikation*

Die Qualität der in dieser Reihe
erscheinenden Arbeiten wird
vor der Publikation durch die
Herausgeber der Reihe geprüft.

*Notes on the quality assurance
and peer review of this publication*

Prior to publication, the
quality of the work published
in this series is reviewed
by the editors of the series.

Dieter Dörr / Bernd Holznagel / Arnold Picot

Legitimation und Auftrag des öffentlich-rechtlichen Fernsehens in Zeiten der Cloud

Bibliografische Information der Deutschen Nationalbibliothek
Die Deutsche Nationalbibliothek verzeichnet diese Publikation
in der Deutschen Nationalbibliografie; detaillierte bibliografische
Daten sind im Internet über http://dnb.d-nb.de abrufbar.

ISSN 1438-4981
ISBN 978-3-631-69928-7 (Print)
E-ISBN 978-3-631-69929-4 (E-PDF)
E-ISBN 978-3-631-69976-8 (EPUB)
E-ISBN 978-3-631-69977-5 (MOBI)
DOI 10.3726/978-3-631-69929-4

© Peter Lang GmbH
Internationaler Verlag der Wissenschaften
Frankfurt am Main 2016
Alle Rechte vorbehalten.
PL Academic Research ist ein Imprint der Peter Lang GmbH.

Peter Lang – Frankfurt am Main · Bern · Bruxelles · New York ·
Oxford · Warszawa · Wien

Diese Publikation wurde begutachtet.

www.peterlang.com

Unverzichtbar

Vorwort des Intendanten des Zweiten Deutschen Fernsehens, Herrn Dr. Thomas Bellut

Die Dynamik der Medienentwicklung ist unaufhaltsam in vollem Gange: Das Fernsehen von heute steht an der Schwelle zur vierten Generation. Zum ursprünglich allein terrestrisch ausgestrahlten Fernsehen der ersten Generation kam in den 80er Jahren das Multikanalfernsehen mit neuen Verbreitungswegen über Kabel und Satellit; in einer dritten Generation folgte in den 90er Jahren das digitale Fernsehen, das zunehmend mit dem Internet verschmilzt. Nie zuvor war die Technik so dominant der treibende Motor der Entwicklung unseres Mediums. Mit jedem neuen Entwicklungsschritt bzw. -sprung musste – und muss – sich das öffentlich-rechtliche Fernsehen seines Standortes und dessen juristischer Legitimation vergewissern. In diesem Sinne verfasste Professor Bernd Holznagel im April 1999 ein Gutachten über den „Spezifischen Funktionsauftrag des Zweiten Deutschen Fernsehens" in Zeiten der Digitalen Revolution.

Die Digitalisierung ist praktisch zu einer „permanenten Revolution" geworden. Sie hat zu einer vierten TV-Generation geführt, die man – anknüpfend an die in Amerika geführte Debatte – unter dem Schlagwort „Cloud-TV" zusammenfassen kann. Die „Wolke" steht dabei für ein Gesamtpaket aus Programmfernsehen, Video on Demand, Online-Diensten und zahlreichen begleitenden Diensten wie Social Media aus einer Hand. Abgerundet wird das Cloud-TV-Angebot durch umfassende Personalisierungs- und Empfehlungssysteme auf Basis von Big-Data-Systemen.

Die nahtlosen Verknüpfungen zeigen: Die Veränderungen des Fernsehens von heute kommen nicht mehr alleine aus der Fernsehbranche selbst, sondern sind Teil einer übergeordneten Entwicklung der IT- und Internet-Wirtschaft geworden. In ihr lösen sich die klassischen elektronischen Mediengattungen und -branchen auf und verschmelzen in der schier grenzenlosen Online-Welt endgültig zu einer untrennbaren Einheit. Fernsehen ist längst nicht mehr isoliert vom Netz oder parallel zu ihm zu betrachten, geschweige denn zu veranstalten. Es ist eine völlig neue Struktur entstanden, die auch neuer Organisationsformen und -regeln bedarf.

Das ZDF hat deswegen Anfang 2015 eine eigene Strategiedebatte über den öffentlich-rechtlichen Rundfunk in Zeiten der Medienkonvergenz angestoßen. In diese Überlegungen zu einer Neuausrichtung gehört auch das Gutachten „Legitimation und Auftrag des öffentlich-rechtlichen Fernsehens in Zeiten der Cloud", das die Professoren Dieter Dörr, Bernd Holznagel und Arnold Picot im Auftrag des ZDF in fachlicher und sachlicher Unabhängigkeit erstellt haben. Ihre übergreifende Untersuchung liefert in der aktuellen Diskussion einen konstruktiven Beitrag zur Fortentwicklung des öffentlich-rechtlichen Telemedienauftrags im Rundfunkstaatsvertrag. Sie kann auch als eine Fortschreibung des vormaligen Holznagel-Gutachtens gesehen werden, das den konstitutiven öffentlich-rechtlichen Funktionsauftrag insbesondere zur freien Meinungsbildung und zur gesellschaftlichen Integration im digitalen Zeitalter herausgestellt hatte.

Die neue Frage lautet nunmehr: Wie kann der öffentlich-rechtliche Auftrag auch unter den heute veränderten Parametern zeitgemäß erfüllt werden? Zu den Veränderungen gehören dabei die Digitalisierung selbst, die dadurch ermöglichte Angebots- und Zugangsvielfalt, also die Aufhebung getrennter Verbreitungswege und Empfangsgeräte, ob stationär oder mobil, somit auch die Verschmelzung von linearen und nicht-linearen Angeboten, außerdem die Fragmentierung des Sehverhaltens und schließlich die Vermischung der einstigen Massenkommunikation mit den neuen Formen der Individualkommunikation bzw. der Kommunikation in geschlossenen Gruppen. All dies mündet in die Grundfrage: Wie wirken sich die medialen Verschiebungen auf unsere Gesellschaft und ihren inneren Zusammenhalt aus?

Ein besonderes Augenmerk richtet das Gutachten unter anderem auf die Fragen oder möglichen Gefahren von neuen geschlossenen Systemen des Cloud-TV: Sie reichen von wirtschaftlichen Aspekten einer neuen Machtkonzentration in den Händen weniger großer, global agierender Konzerne bis hin zu den gesellschaftlichen Aspekten der „Echo-Chambers". Wenn ein umfassendes Cloud-Angebot, so wie es Amazon gerade errichtet, seinen Kunden möglichst „alles unter einem Dach" bietet, um sie komplett an sich zu binden, wird der Nutzer nur schwer noch den Weg zu anderen Anbietern finden. Das bedeutet für das ZDF: Unsere altbewährte Strategie eines strukturiert geplanten, linearen Programmflows wird insbesondere bei jüngeren Zuschauern an Bindungskraft verlieren. Wir müssen unsere Angebote daher verstärkt in die Welt des Cloud-TV übersetzen.

Dies ist aber nur der äußere technologische bzw. strategische Aspekt unserer Zukunftsperspektive. Er ist wertlos ohne innere Begründung, ohne inhaltliche, publizistische Basis. Und hier ist etwas vielleicht Unerwartetes geschehen: Die schier unabsehbare Angebotsfülle im Netz steigert nicht unbedingt die Angebotsvielfalt und schon gar nicht die Informationsqualität. Im Gegenteil: Je mehr interessengesteuerte Gruppen und Organisationen ohne Beachtung journalistischer Standards gezielt vermeintliche Wahrheiten und Fakten über das Netz verbreiten und Echo-Chambers Gleichgesinnter ohne Kontakt zur andersdenkenden Gruppen entstehen, desto mehr steigt die Notwendigkeit eines Orientierung stiftenden Journalismus wie auch eines übergeordneten gesamtgesellschaftlichen Diskurses. Wo er fehlt, leidet auch jene gesellschaftliche Integrationsfunktion, die dem traditionellen Massenmedium Fernsehen oblag. Nimmt man hinzu, dass durch die aktuelle welt- und gesellschaftspolitische Lage unser nationaler Frieden inzwischen auf eine ernsthafte Zerreißprobe gestellt ist, so wird man mit einigem Recht behaupten können: Ein qualitätsvolles öffentlich-rechtliches Fernsehen behält seine gesellschaftliche Bedeutung und ist unverzichtbar.

Vor diesem Hintergrund bedeutet das Gutachten eine neue selbstreflektierte Standortbestimmung des öffentlich-rechtlichen Rundfunks im Rahmen seiner Bestands- und Entwicklungsgarantie: Wie kann er an die Medienwelt von heute juristisch und auch ökonomisch so angepasst werden, dass er seinen gesellschaftlichen Auftrag auch weiterhin funktionsfähig und erfolgreich zu erfüllen vermag? Fazit: Dem öffentlich-rechtlichen Angebot sollten künftig verstärkt die neuen, auch nicht-linearen technischen Möglichkeiten offenstehen – nicht um seiner selbst willen, sondern im Dienste unserer Gesellschaft.

Mainz, im August 2016   Dr. Thomas Bellut
                                                                       Intendant des ZDF

Vorbemerkung der Autoren

Das Zweite Deutsche Fernsehen hat uns beauftragt, eine Bestandsaufnahme zu Situation und Perspektiven des öffentlich-rechtlich verfassten Fernsehens in einer sich rasch wandelnden, von Digitalisierung und Internet zunehmend geprägten Medienwelt vorzunehmen. Diesen Wandel fassen wir plakativ mit der Metapher der „Cloud" zusammen, weil darin die enorme Flexibilität, Vielfalt und Dynamik der neuen Medienwelten zum Ausdruck kommen kann. Von uns ist auch die Frage zu untersuchen, ob und in welcher Weise das öffentlich-rechtliche Fernsehen unter den veränderten medialen Bedingungen seinen Funktionsauftrag erfüllen muss und kann und ggf. welche zusätzlichen Aufgaben und rechtlichen Bedingungen dafür erforderlich sind. Fragen der Finanzierung des öffentlich-rechtlichen Rundfunks sind nicht Gegenstand der Untersuchung.

Wir haben diesen Auftrag gern übernommen, weil wir uns – mit jeweils unterschiedlicher fachlicher Expertise – seit Jahren mit dem Wandel der Medien- und Kommunikationswelt befassen und weil wir die Frage nach der Existenznotwendigkeit und den Existenzbedingungen des öffentlich-rechtlichen Rundfunks in einem freiheitlich-demokratischen Staatswesen für zentral halten. Wir beginnen jedes Kapitel mit einer kompakten zusammenfassenden Botschaft („These"). Diese kann beschreibenden bzw. feststellenden Charakter haben, sie kann Folgerungen oder Wertungen zum Ausdruck bringen und/oder Empfehlungen enthalten. Wir hoffen, dass wir auf diese Weise zum einen die Lesbarkeit und den Ductus der Untersuchung verbessern (zur ersten Orientierung genügt die Lektüre dieser Thesen), zum anderen aber auch die erforderliche Tiefe in den erläuternden Zwischentexten bereitstellen können.

Es bedarf keiner besonderen Betonung, dass die Ausarbeitung allein in unserer unabhängigen Verantwortung steht und nicht die Meinung des ZDF oder anderer öffentlich-rechtlicher Rundfunkanstalten wiedergibt.

Dieter Dörr   Bernd Holznagel   Arnold Picot

Inhalt

I. Ausgangssituation

> **These 1**
>
> Wenn ein nicht unbedeutender Teil der Gesellschaft lineare Angebote der öffentlich-rechtlichen Rundfunkanstalten nicht im bisherigen Ausmaß oder gar nicht mehr in Anspruch nimmt und sich stattdessen auf flexible, programm- und sendungsunabhängige Formen des Bewegtbildangebots ausrichtet, dann stellt sich die Frage, in welcher Weise herkömmliche Rundfunkanbieter darauf reagieren müssen, um ihrer jeweiligen Aufgabenstellung gerecht zu werden. Diese Frage ist von den Kernakteuren des dualen Rundfunksystems jeweils in geeigneter Weise zu behandeln. Die vorliegende Stellungnahme befasst sich in diesem Zusammenhang ausschließlich mit dem öffentlich-rechtlichen Rundfunk (ÖRR) und dabei im Schwerpunkt mit dem öffentlich-rechtlichen Fernsehen.

Das gegenwärtige System sieht sich neuen Herausforderungen gegenüber, die die Legitimation und den Auftrag des ÖRR in vielfacher Weise betreffen und mit der Digitalisierung und der damit einhergehenden Differenzierung und Konvergenz der Medien verbunden sind. Insgesamt geht mit dem Umstand, dass immer mehr Menschen online den Zugang zu Medieninhalten suchen, eine spezifische Entwicklung einher: Die Verschmelzung von linearen und nicht-linearen Angeboten aus Nutzersicht. Das geltende Recht unterscheidet zwischen linearen und nicht linearen Angeboten sowohl im Rahmen der AVMD-Richtlinie als auch beim einfachgesetzlichen Rundfunkbegriff. Der ÖRR wird in Verfolgung seines Auftrags immer stärker im nicht linearen Bereich tätig sein müssen.

Das Medienkonsumverhalten vollzieht sich immer mehr in verschiedenen, sich nur teilweise überlappenden Gruppen. Bei der Fernsehnutzung haben sich bereits Teilöffentlichkeiten in Form der Gruppe der 14- bis 49-Jährigen und als Untergruppe der 14- bis 29-Jährigen gebildet. Der ÖRR erzielt die höchsten Einschaltquoten nur noch bei den über 49-Jährigen. Die jüngeren Generationen, mit Ausnahme der Kinder, erreicht er kaum mehr.[1] Dies führt zu der Frage, ob der ÖRR seiner verfassungsrechtlichen Aufgabe als Informationsmittler noch angemessen nachkommen kann.

---

1 Vgl. dazu unten II.3 und II.4.

Daher gilt es, die verfassungsrechtliche Legitimation und den verfassungsrechtlichen Auftrag des ÖRR in einer digitalen Medienwelt unter Beachtung der Rundfunkfreiheit, des Demokratieprinzips, des kulturstaatlichen Auftrags und des Integrationsauftrags vor dem Hintergrund dieser Veränderungen auszuloten. Dabei ist auch der europarechtliche Rahmen zu beachten. Zudem ist darzulegen, wie es um die ökonomische Rechtfertigung des ÖRR bestellt ist. Auf dieser Grundlage ist zu klären, wie der Gesetzgeber den verfassungsrechtlichen Auftrag unter Beachtung der europarechtlichen Rahmenbedingungen gegenwärtig ausgestaltet hat und wie der künftige Rechtsrahmen für den Auftrag des ÖRR in der digitalen Medienwelt sachgerecht ausgestaltet werden sollte.

Nach einer Betrachtung relevanter Änderungen im Mediensektor (II.) werden die Grundlagen des verfassungsrechtlich verankerten Funktionsauftrags herausgearbeitet (III.) und dessen Gültigkeit in Zeiten der Cloud untersucht (IV.), ehe der Handlungsbedarf schrittweise aufgezeigt wird (V.).

II. Veränderungen im Mediensektor

1. Herausforderungen für das öffentlich-rechtliche Fernsehen

These 2

Die Medienwelt steht durch die Digitalisierung vor neuen Herausforderungen. Die damit einhergehende Vermehrung der Übertragungsmöglichkeiten führt dazu, dass insbesondere unter Nutzung des Internetprotokolls eine gattungsübergreifende Verbreitung von Inhalten auf einer Vielzahl unterschiedlicher Endgeräte möglich ist. Auf dieser Grundlage zeichnen sich in der Welt der audiovisuellen Medien weitreichende Veränderungen ab.

Öffentlich-rechtliche Rundfunkangebote waren traditionell für die Nutzung einer bestimmten Endgerätart konzipiert und an einen bestimmten Übertragungsweg (Frequenzen) gebunden. Typischerweise versammelten sich die Familien in den Abendstunden vor dem Fernsehgerät oder dem Radio, um die Tagesnachrichten und danach das Unterhaltungsprogramm aufzunehmen. Dieses Modell der Rundfunknutzung war lange populär und hatte eine erhebliche Bedeutung für die Meinungsbildung. Seit einiger Zeit verliert es jedoch an Bindungskraft. Insbesondere für jüngere Altersgruppen hat es längst an Anziehungskraft verloren. Mit dem Internet ist ein universeller, frequenzunabhängiger Verbreitungsweg entstanden, der von unterschiedlichen Endgerätarten genutzt werden kann. Die Konvergenz der Endgeräte führt dazu, dass digitalisierte audiovisuelle Inhalte nicht nur auf dem Fernseher, sondern auch auf Notebooks oder gar mobil auf Tablets und Smartphones gehört und angesehen werden können.

Auch auf der Inhalte- und Diensteebene kommt es zu einer Ausdifferenzierung. Neben den linearen, auf einem festen inhaltlichen und zeitlichen Sendeplan basierenden Angeboten gibt es eine breite Palette von Abrufdiensten, die in beliebiger Reihenfolge sowie zeitlich und örtlich unabhängig genutzt werden. Damit verwischen zunehmend die Grenzen zwischen den herkömmlichen Mediengattungen. Es gibt Dienste wie die elektronische Presse, die den herkömmlichen Tages- und Wochenzeitschriften ähneln, aber oft mit umfangreichen Videoangeboten deutlich über die herkömmlichen Darstellungsformen hinausgehen. Bei den audiovisuellen Angeboten umfasst das Spektrum Videotheken, über die u.a. aktuelle Blockbuster bezogen werden können, Videoclipportale wie YouTube oder die Mediatheken öffentlich-rechtlicher Rundfunkanstalten. Kennzeichnend für diese Entwicklung ist, dass insbesondere jüngere Altersklassen unter 30 Jahren sich stärker den neuartigen Angeboten zuwenden und in der Folge weniger klassisches Fernsehen nutzen. Die „ältere Generation" hält noch eher an den hergebrachten linearen Angeboten fest. Sie präferiert öffentlich-rechtliche Angebote in einem weitaus stärkeren Maße als dies bei den Jüngeren der Fall ist.[2] Die Unterschiede sind hier zum Teil so gravierend, dass in der Fachwelt gar von einem *Generationsabriss* gesprochen wird.

2. Cloud TV als die nächste Generation des Fernsehens

These 3
Zusätzlich zu den linear verbreiteten Programmen werden Inhalte verstärkt auch auf Nachfrage bereitgestellt. Sie können „aus der Cloud" vom Nutzer weitgehend unabhängig von Ort, Zeit und Art des Endgeräts über „streaming" flexibel abgerufen werden.

a) Was ist Cloud TV?

Im Bewusstsein der meisten Menschen wird insbesondere das öffentlich-rechtliche Fernsehen mit linearen Angeboten gleichgesetzt, weil dieses klassische öffentlich-rechtliche Fernsehen seit den 50er Jahren in der Gesellschaft verankert ist. Fernsehangebote waren demnach an ein kalender- und uhrzeitabhängiges Programm gebunden. Mit dem Aufkommen von Aufzeichnungsgeräten und Mediatheken begann eine erste Entkoppelung zwischen zeitgebundenem Programmangebot und Nutzungsmöglichkeiten von Inhalten. Diese Entwicklung erfährt nun mit dem Aufkommen des Cloud TV eine rasante Fortentwicklung. Als Cloud TV wird die vierte Generation des Fernsehens bezeichnet. Es folgt dem terrestrischen Fernsehen, dem Multikanalfernsehen, das die Verbreitungswege auf Kabelnetzen und Satelliten erweitert hat, sowie dem digitalen Fernsehen (einschließlich dem in einem geschlossenen Teil des

---

2 Vgl. dazu unten II.3 und II.4.

Breitband-Netzes verbreiteten IPTV).[3] Cloud TV bündelt Programmfernsehen, Video-on-Demand, Onlinedienste und zahlreiche begleitende Dienste wie Social Media sowie die Distribution über verschiedene Übertragungswege und Endgeräte. Vorteil des Cloud TV ist seine hohe Nutzerfreundlichkeit. Der Nutzer muss keine eigenen Speichermedien dezentral vorhalten, sondern kann jederzeit und überall, sofern breitbandige Internetkonnektivität gegeben ist, auf Mediatheken, Programme und Dienste aller Art sowie auf seine eigenen Daten zugreifen. Alle Endgeräte können ohne aufwändige Verkabelung über die Cloud vernetzt werden.

Das Fernsehen aus der Cloud ist, anders als frühere Generationen, nicht primär aus Innovationen der Medienbranche im engeren Sinne (TV, Video) entsprungen, sondern eine Entwicklung der IT- und Internetwirtschaft[4]. Die Innovationszyklen sind hier viel kürzer. Nach dem Moore'schen Gesetz verdoppelt sich die Prozessorkapazität auf einem Chip etwa alle 18 Monate, ähnliches gilt für die Entwicklung von Übertragungs- und Speicherkapazitäten. Demgegenüber ist die Dynamik der Fernsehbranche verhaltener. Die erste Generation des Fernsehens war ca. 30 Jahre lang stabil. Die Einführung des Multikanalfernsehens und die Digitalisierung des Fernsehens benötigten 10 bis 15 Jahre. Es ist damit zu rechnen, dass die Durchsetzung des Cloud TV in einem sehr viel kürzen Zeitraum erfolgt und die Erscheinungsformen einem stärkeren Wechsel unterworfen sind, als dies bisher in der Fernsehbranche bekannt war.

Vereinfacht lassen sich zusätzlich zu bestehenden Datenbanken und Mediatheken drei konstituierende Elemente von Cloud TV unterscheiden[5]: Angebote,

---

3 Die Etappenbildung folgt der von Noam vorgeschlagenen Systematisierung. Vgl. *Noam*, Cloud TV: Toward the next generation of network policy debates, Telecommunications Policy 38 (2014), 684 (684).

4 Vgl. z.B. *Hess /Picot /Schmid*, Intermediation durch interaktives Fernsehen: eine Zwischenbilanz aus ökonomischer Sicht in: zu Salm, Ch.(Hrsg.): Zaubermaschine inter-aktives Fernsehen – TV-Zukunft zwischen Blütenträumen und Businessmodellen, Wiesbaden 2004, 17; *Hess/Picot/Schmid*, Intermediation durch interaktives Fernsehen: eine Zwischenbilanz aus ökonomischer Sicht, in: Hess, T. (Hrsg.). Ubiquität, Interaktivität, Konvergenz und die Medienbranche, Göttingen 2007, 127.

5 Vgl. z.B. egta insight, Over-The-Top Television Services: A European Perspective, 2015; vgl. ferner *Gerhards,* YouTube-basierte Geschäftsmodelle von Bewegtbildanbietern – eine Option für Fernsehproduzenten?, MedienWirtschaft 2015, 14.

die von Rundfunkunternehmen entwickelt wurden (z.B. BBC iPlayer, Sky Go, CanalPlay, Maxdome), Angebote, die von Telekommunikationsunternehmen bereitgestellt wurden (z.B. Vodafone Videothek, Ziggo On Demand, Proximus TV) und Angebote von Playern, die neu in den Video- und Fernsehmarkt eingetreten sind (z.B. Netflix, Zattoo, Amazon Video). Auch YouTube von Google ist als Cloud TV einzustufen. All diese Angebote stützen sich auf ganz unterschiedliche Finanzierungsformen, nämlich pay-per-view, Subskription/ Abo, werbefinanziert oder öffentlich-rechtlich finanziert. Während man bei den meisten Anbietern orts- und zeitunabhängig aus einem Inhalteangebot auswählen kann, das von dem Anbieter aus eigener Produktion (z.B. Serien, Fernsehprogramm) und/oder aus professionellen Produktionen Dritter (z.B. Spielfilme, Dokumentationen) bereitgestellt wird, zeichnet sich YouTube zusätzlich dadurch aus, dass das Angebot zum größten Teil von Nutzern oder anderen Laien produziert und von diesen auf die Plattform hochgeladen wird. Netflix ist das derzeit weltweit am weitesten verbreitete und am stärksten wachsende Cloud TV-Angebot auf Subskriptionsbasis.

Als ein aktuelles Beispiel für ein in der Entwicklung befindliches Cloud TV-Angebot lässt sich der Amazon Video Dienst anführen. Hierüber können derzeit die Washington-Post-Angebote zur Information und das Video-on-Demand-Portal Amazon Video sowie Prime Music zur Unterhaltung bezogen werden. Demnächst will Amazon seinen Prime-Kunden auch eigene Produktionen sowie ein breites Paket an linearen TV-Kanälen anbieten. Abgerundet werden diese Dienste durch ein *übergreifendes Personalisierungs- und Empfehlungssystem*, das zwischen den Inhalten und den Nutzern „vermittelt". Amazon kann so für seine Kunden eine digitale Lebenswelt bilden, die ihnen alles bietet, vom Einkauf und der Möglichkeit zum Austausch mit Freunden bis hin zu renommierten Informations- und umfassenden Unterhaltungsangeboten. Die Kunden sollen nur wenig Anreize haben, die Anbieterwelt zu verlassen. Gleichzeitig sammeln Anbieter wie Amazon Informationen über die Vorlieben der Nutzerinnen und Nutzer ihrer Angebote, die sie ggfls. auch weiterveräußern können.

b) Darreichungsformen

Lineare audiovisuelle Angebote werden heute im Internet per Streaming auch „live" verbreitet. TV-Streaming-Dienste werden von Newcomern wie

Magine oder Zattoo auf eigens hierfür geschaffenen Plattformen im Internet angeboten.

Auch die arrivierten Rundfunkunternehmen betreiben Mediatheken, in denen sie nicht-lineare Inhalte und Programme im Live-TV-Modus anbieten. Die Mediatheken erlauben es, Serien über mehrere Folgen hinweg zu schauen. Damit wird der gegenwärtig hohen Popularität von TV-Serien Rechnung getragen. Das große Angebot, die Bereitstellung populärer Serien und nicht zuletzt Empfehlungen der Plattformen führen dazu, dass die Nutzer stärker an eine bestimmte Plattform gebunden werden. Mit *Binge-Viewing* hat sich eine neue Nutzungsart ergeben, die es in dieser Ausprägung bisher nicht gab und die erst durch die neuen technischen Möglichkeiten hervorgebracht wurde.

Schon immer konnten insbesondere amerikanische Blockbuster große Zuschauermengen auf sich vereinen. Das Internet erhöht die Verfügbarkeit von *globalen Inhalten* in bisher nicht gekannter Weise.[6] Besonders populär sind derzeit bei der Jugend die amerikanischen Serien.[7] Online-Videotheken wie Netflix oder Amazon werden zunehmend zu Produzenten, die z.B. mit „House of Cards" oder „Marco Polo" von vornherein auf den globalen Markt abzielen. Deutsche und europäische Serien können dagegen meist erst bei den über 50-Jährigen punkten.

Des Weiteren haben sich aber auch erfolgreiche Medienunternehmen entwickelt, die reine Videoportale wie Maxdome, Netflix oder Amazon Video bereitstellen. Kommerzielle Online-Videotheken können in jüngster Zeit einen großen Zulauf verzeichnen. Diese Veränderungen im Nutzungsverhalten sind vermutlich eine Reaktion auf die günstigen Bezugspreise und die Popularität amerikanischer Serien, die en Bloc und zeitlich selbstbestimmt angeschaut werden können. Dies dürften wichtige Gründe dafür sein, dass die Abonnementzahlen von Netflix und von Amazon Prime stark angestiegen sind.

Im Rahmen dieser Entwicklung nehmen Videoplattformen wie beispielsweise YouTube oder Yahoo eine spezielle Rolle ein. Diese erfreuen sich

---

6   Zu der Herausbildung dieser globalen Öffentlichkeit vgl. *Volkmer,* The Global Public Sphere, 2014.
7   Hierzu instruktiv die Auflistung der am meist gesehenen Serien bei Amazon Video auf der Amazon-Webseite.

unter Jugendlichen ganz besonderer Beliebtheit.[8] Das Grundprinzip der Videoplattformen liegt darin, dass jeder Videos online stellen kann. Dazu muss jemand lediglich ein Nutzerprofil anlegen, danach ist es möglich, ein Video auf die Plattform hochzuladen. Das Nutzerprofil wird als Kanal bezeichnet. Dieser Kanal kann dann regelmäßig weltweit von allen, die über einen Internetzugang verfügen, angesehen werden. Teilweise werden über die Kanäle auch Links zu Live-Streams bereitgestellt, die zu bestimmten Zeiten oder bestimmten Ereignissen verbreitet werden.[9]

Mittlerweile haben sich insbesondere auf der Plattform YouTube Kanäle mit einer beachtlichen Reichweite auch für den deutschsprachigen Raum herausgebildet. So gibt es auf YouTube bereits mehrere Kanäle, die mehr als 1 Million Nutzer vorweisen können[10], und einzelne Kanäle kommen sogar auf ca. 3 Millionen Abonnenten[11], wohlgemerkt allein in deutscher Sprache.[12] Die bereitgestellten Videos erreichen auch dementsprechende Klickzahlen.

Die beachtlichen Reichweiten der neuen Kanäle werden nicht durch Zufall erzielt. Vielmehr hat sich inzwischen ein hoch professionelles fernsehähnliches System für die Verbreitung von Kanälen auf den Videoplattformen durchgesetzt. Die Kanäle werden durch Unternehmen vermarktet und unterstützt, die als *Multi-Chanel-Network* (MCN) bezeichnet werden.[13] Diese Netzwerke bilden einen Zusammenschluss aus mehreren Kanälen. Sie unterhalten

---

8 Siehe zur Nutzungsdauer durch Jugendliche: *KEK*, Von der Fernsehzentrierung zur Medienfokussierung – Anforderungen an eine zeitgemäße Sicherung medialer Meinungsvielfalt, Fünfter Bericht der Kommission zur Ermittlung der Konzentration im Medienbereich (KEK) über die Entwicklung der Konzentration und über Maßnahmen zur Sicherung der Meinungsvielfalt im privaten Rundfunk, 2015, 44 ff. m.w.N.

9 So beispielsweise auf dem YouTube-Kanal Gronkh, siehe https://www.youtube.com/user/Gronkh/featured (zuletzt abgerufen am 09.06.2016).

10 Bspw. die YouTube-Kanäle Dagi Bee, DieLochis, Nilam (zuletzt abgerufen am 09.06.2016).

11 Bspw. die YouTube-Kanäle LeFloid oder Gronkh (zuletzt abgerufen am 09.06.2016).

12 Hierzu auch *Koch/Liebholz*, Bewegtbildnutzung im Internet und Funktionen von Videoportalen im Vergleich zum Fernsehen, Media Perspektiven 2014, 397 (397).

13 Zum Folgenden eingehend *Gugel*, Sind YouTube-Netzwerke die neuen Sender?, in: Die Medienanstalten, Digitalisierungsbericht 2014, 19 ff. sowie *Gerhards,* YouTube-basierte Geschäftsmodelle von Bewegtbildanbietern – eine Option für Fernsehproduzenten?, MedienWirtschaft 2015, 14 ff.

vertragliche Beziehungen mit den jeweiligen Videoplattformen und kommen so in den Genuss bestimmter Sonderrechte hinsichtlich der Plattformnutzung. Die eingeräumten Sonderrechte helfen den Netzwerken dann wiederum, ihre Reichweite und ihre Werbeerlöse zu steigern. Auch traditionelle Fernsehunternehmen haben mittlerweile solche Netzwerke aufgebaut oder sind daran beteiligt. Im Kern ist die Ausrichtung aller Netzwerke aber gleich. Sie bündeln verschiedene Kanäle zu einem Gesamtangebot, das über die Videoplattformen verbreitet wird. Die Einnahmen der Netzwerke beruhen auch hier wie im herkömmlichen privaten Rundfunk im Wesentlichen auf Werbung und Productplacement. Zudem werden nicht selten Produkte in Videos vorgestellt und mit Kaufaufrufen verbunden. Das zeigt, dass sich ein dem klassischen Privatfernsehen ganz ähnliches System für die Online-Videoplattformen herausgebildet hat. Insbesondere beruht die Finanzierung dieses Systems genauso wie im herkömmlichen Privatrundfunk im Wesentlichen auf Einnahmen durch Werbung, woraus sich auch dieselben vielfaltsverengenden Tendenzen ergeben können.[14] Eine Durchsicht der Angebote der Multi-Channel-Networks zeigt, dass diese sich primär an Genres orientieren, z.B. Comedy, Gaming, Beauty, Fashion und Lifestyle sowie Musik.

c) Ausspielwege und Endgeräte

Der Trend der Angebots- und Zugangsvielfalt wird durch die neuen technischen Fähigkeiten der Endgeräte verstärkt. Während im analogen Zeitalter ein bestimmter Dienst an ein bestimmtes Endgerät gebunden war, ist diese Trennung inzwischen aufgehoben.

Schon längst sind viele Endgeräte, die zur Mediennutzung herangezogen werden, in der Lage, Inhalte über stationäre oder mobile Verbreitungswege zu empfangen.[15] Heute werden z.B. Videoinhalte aus dem Internet auf

---

14 Zu den vielfaltsverengenden Tendenzen einer Werbefinanzierung: BVerfGE 73, 118 (156); *Dörr/Deicke*, Positive Vielfaltsicherung – Ein Beitrag zur Bedeutung und zukünftigen Entwicklung der Fensterprogramme für die Meinungsvielfalt in den privaten Fernsehprogrammen, ZUM 2015, 89 (92) sowie unten V.2.

15 Hinzuweisen ist darauf, dass die meisten der neueren Endgeräte auch in der Lage sind, aktiv zu kommunizieren, Inhalte zu produzieren (Kamera, Bild- und Textbearbeitung, usw.) und zu verbreiten (Hochladen auf Webpages, Plattformen und Social Media), was dem Nutzer zusätzliche Freiheitgrade mit Blick auf Teilhabe und Einfluss ermöglicht.

zahlreichen Endgeräten empfangen, nämlich auf dem PC/Laptop, Connected-TV-Geräten und mobilen Endgeräten. Hinzu kommt, dass solche Geräte auch zahlreich in den Haushalten vorhanden sind. Insofern lag die Anzahl der internetfähigen Endgeräte im Jahr 2014 in Deutschland bei 5,4 Geräten pro Haushalt, von denen allerdings bislang im Durchschnitt nur 2,8 Geräte tatsächlich zum Netzzugang genutzt werden.[16]

Eines der eindringlichsten Beispiele für solche Geräte sind die sog. *Connected-TV-Geräte*. Hierzu zählen das Smart TV-Gerät, Spielekonsolen und Blue-Ray-Player oder auch Streaming-Media-Boxen wie z.B. Google's Chromecast oder das Amazon Fire TV. Findet die Mediennutzung über ein solches Gerät statt, fügen sich die über verschiedene Zugangsarten angebotenen Inhalte – soweit das Gerät mit dem Internet verbunden ist – zu einem einheitlichen Angebot zusammen.[17] Für die Konsumenten macht es in diesem Zusammenhang also keinen Unterschied mehr, ob sie die Inhalte selbst abrufen oder sich zu einem linearen Angebot zum richtigen Zeitpunkt zuschalten. Entscheidend ist allein der Konsum zum selbst gewählten Zeitpunkt.

Soweit lässt sich festhalten: Für den Einzelnen sind weitere Möglichkeiten hinzugetreten, audiovisuelle Inhalte zu konsumieren. Gleichwohl stehen die verschiedenen Zugangsformen nicht in Konkurrenz zueinander, sondern ergänzen sich gegenseitig.[18] Insgesamt steigt der Medienkonsum der Bevölkerung immer weiter an.[19] Dem klassischen linearen Fernsehen kommt dabei immer noch, ganz besonders in den höheren Altersgruppen, die wichtigste Rolle zu.[20] Die Abrufdienste hingegen ermöglichen es den Rezipienten – bislang ergänzend zum Fernsehen –, ihr Programm zu individualisieren und es an ihren Alltag anzupassen.[21] Der zukünftige Konsum von Bewegtbildern ist

---

16 So *Eimeren/Frees*, 79 Prozent der Deutschen online – Zuwachs bei mobiler Internetnutzung und Bewegtbild, Media Perspektiven 2014, 378 (383).

17 So auch *Kunow*, Aktueller Stand der Digitalisierung in den deutschen (TV-) Haushalten, in: Die Medienanstalten, Digitalisierungsbericht 2014, 34 (41).

18 So auch *Frees*, Konvergentes Fernsehen: TV auf unterschiedlichen Zugangswegen, Media Perspektiven 2014, 417 (417).

19 So *Eimeren/Frees*, 79 Prozent der Deutschen online – Zuwachs bei mobiler Internetnutzung und Bewegtbild, Media Perspektiven 2014, 378 (395).

20 Siehe *dies.*, 79 Prozent der Deutschen online – Zuwachs bei mobiler Internetnutzung und Bewegtbild, Media Perspektiven 2014, 378 (390).

21 Siehe *dies.*, 79 Prozent der Deutschen online – Zuwachs bei mobiler Internetnutzung und Bewegtbild, Media Perspektiven 2014, 378 (390); vgl. auch *Boyny*,

also nicht auf eine Zugangsart begrenzt, sondern die Inhalte werden – wie dies bereits heute möglich ist – auf vielen verschiedenen Wegen und durch Gebrauch verschiedener Endgeräte bei den Rezipienten ankommen.

d) Verschmelzung von linearen und nicht-linearen Angeboten

Mit dem Umstand, dass immer mehr Menschen online den Zugang zu Medieninhalten suchen, geht eine weitere Entwicklung einher: Die Verschmelzung von linearen und nicht-linearen sowie von massen- und individualkommunikativen Angeboten aus Nutzersicht. Über das Internet als Infrastruktur werden mittlerweile eine Fülle an Video- und Audiopodcasts, Streams, Texten und sonstigen Inhalten angeboten.[22] Diese Angebote werden nach der bestehenden Gesetzeslage im Wesentlichen danach abgegrenzt, ob sie linear angeboten oder zum Abruf bereitgestellt werden.

Diese Grenzziehung hat aber angesichts der neuen Abspielmöglichkeiten und Darreichungsformen ihre Funktion verloren. Für die Wirkung der Inhalte auf die Rezipienten und den daraus resultierenden Deutungen spielt es oft keine Rolle mehr, ob sie ein lineares oder nicht-lineares Angebot nutzen. Ebenso besteht inzwischen, je nach Art des Online-Angebots und der verwendeten Übertragungsart, auch die Möglichkeit, ein laufendes lineares Programm bis zu einem bestimmten Zeitpunkt „zurückzuspulen" und von dort an das Angebot zu verfolgen, oder die Inhalte werden schlicht zeitversetzt, teils sogar vor dem ersten Ausstrahlungstermin im linearen Programm, angeboten. Darüber hinaus wird das Umschalten von per Kabel oder Satellit empfangenen Fernsehprogrammen zu den Videoangeboten zum Beispiel durch die Nutzung von Media-Streaming-Sticks immer intuitiver.[23] Der Gebrauch dieser Zusatzgeräte wird schnell zum Alltag, so dass der permanente Wechsel zwischen linear und nicht-linear schnell zur Gewohnheit wird. Zugleich vermittelt der

---

Entertainment immer und überall: Medienkonsum im Digitalen Zeitalter, gfu Insights & Trends 2015, Präsentation abrufbar unter http://www.gfu.de/fileadmin/media/downloads/Insights-Trends-2015-Boyny.pdf (zuletzt abgerufen am 09.06.2016).

22 Vgl. *Eimeren/Frees,* 79 Prozent der Deutschen online – Zuwachs bei mobiler Internetnutzung und Bewegtbild, Media Perspektiven 2014, 378 (387).

23 *Koch/Liebholz,* Bewegtbildnutzung im Internet und Funktionen von Videoportalen im Vergleich zum Fernsehen, Media Perspektiven 2014, 397 (406).

Abruf zum individuell gewünschten Zeitpunkt am individuell bevorzugten Ort zunehmend das Empfinden einer individualisierten Medienverfügbarkeit, die sich von der klassischen Programmabhängigkeit der Bewegtbild-Massenkommunikation deutlich abhebt. Dieser Trend zur Individualisierung wird durch Empfehlungsmechanismen der Social Media noch verstärkt.

e) Vermachtungstendenzen beim Cloud TV

Es gibt Anzeichen dafür, dass sich das im Medien- und Telekommunikationssektor bekannte Konzentrationsproblem beim Cloud TV im neuen Gewande zeigen wird.[24] Vermachtungstendenzen gibt es zunächst im Hinblick auf die neu entstandenen *Plattformen* für Videos oder Hörfunksendungen. Diese Plattformen produzieren in der Regel keine eigenen Inhalte, sondern machen fremde Inhalte einfach zugänglich. Viele Nutzerinnen und Nutzer suchen nicht mehr den direkten Kontakt zum Inhalteanbieter, sondern beziehen ihre Videos und Musik über solche (Dritt)Plattformen. YouTube, Facebook oder TuneIn bilden daher heute wichtige, wenn nicht gar zentrale Dreh- und Angelpunkte des Mediengeschehens.[25] Eine Plattform ist umso attraktiver, je mehr Nutzerinnen und Nutzer sie bereits hat. Diese aus der Telekommunikation bekannten Netzwerkeffekte führen, wie die angeführten Beispiele zeigen, zu starken Konzentrationsprozessen, wenn nicht gar monopolähnlichen Situationen. So strebt Facebook heute offensiv an, dass sich die Nutzerschaft nur noch auf der eigenen Plattform „bewegt". Bewegen sich die Nutzer in solch mehr oder weniger geschlossenen „digitalen Realitäten", kann es schnell zu einer Entfremdung zu anderen Lebensmilieus, insbesondere auch zu einer gewissen politischen und kulturellen Isolierung kommen.[26]

Weitere Vermachtungen lassen sich bei *Distribution und Vertrieb* von Cloud TV beobachten. Als Anbieter von Glasfaserverbindungen, die

---

24 Vgl. z.B. *Picot/Schmid*, Wettbewerbsstrategien von Internet-TV-Plattformen und Business Webs, Information Management & Consulting, 2006, 30 (40); *Zerdick/ Picot/ Schrape et al.*, Die Internet-Ökonomie. Strategien für die digitale Wirtschaft, 2001, Kap. 5.
25 *Frick/Samochowiec/Gürtler*, Öffentlichkeit 4.0. Die Zukunft der SRG im digitalen Ökosystem, 2016, 14 ff.
26 *Monopolkommission*, XX. Hauptgutachten, 2014, 61 ff.; *Frick/Samochowiec/ Gürtler*, Öffentlichkeit 4.0. Die Zukunft der SRG im digitalen Ökosystem, 2016, 4.

interkontinental oder innerstaatlich zum Einsatz kommen, treten nur wenige ISPs auf. Content Delivery Netzwerke werden in Deutschland überwiegend von Akamai bereitgestellt. Google stellt für die Erfüllung der Aufgabe von Content Delivery Netzwerken eigene Server in die Rechenzentren der deutschen Telekommunikationsanbieter.[27] Inhalteanbieter werden so von Cloud TV Anbietern abhängig. Dies folgt daraus, dass sie den von den ISPs selbstgesetzten Spielregeln insbesondere in Bezug auf Werbevermarktung, Technik und Vertrieb unterworfen werden.

Hoch konzentriert ist der Markt für *Cloud-Dienstleistungen*. Die großen Spieler verfügen bereits heute über riesige Serverframen, umfangreiche Kundendaten, leistungsfähige Service-Software und Middleware-Systeme sowie Big-Data-Analysesysteme, was ihnen einen enormen Know-How- und Größenvorteil einbringt, der von neuen Anbietern nur schwer ausgeglichen werden kann. Auf Amazon entfällt dabei der mit Abstand größte Marktanteil.[28] Über die Amazon Cloud wird z.B. auf das Netflix- oder Spotify-Angebot zugegriffen. Zu der Spitzengruppe gehören ferner Microsoft, IBM und Google.

3. Entwicklung des Nutzungsverhaltens

These 4

Zwar stellt das lineare Fernsehen trotz der neuen Angebote, die vor allem über das Internet verbreitet werden, weiterhin ein zentrales Medium dar. Dies wird dadurch belegt, dass die Mehrheit der Bürgerinnen und Bürger in Deutschland das Fernsehen als wichtigste Informationsquelle ansieht und dass die durchschnittliche Nutzungsdauer des klassischen linearen Fernsehens auf hohem Niveau stabil bleibt. Es zeichnen sich aber deutliche Veränderungen ab. So verfügt der ganz überwiegende Teil der Bevölkerung der Bundesrepublik Deutschland über die technische Möglichkeit, im Internet zu surfen. Von dieser Möglichkeit wird in stark zunehmendem Maße Gebrauch gemacht, wobei immer mehr Bewegtbilder abgerufen werden.

---

27 Zur Funktionsweise von Content Delivery Networks vgl. *Gersdorf,* Netzneutralität und Medienvielfalt, Kommunikation und Recht, Beiheft 1/2015, 7 ff.; *Pankert/Faggiano/Taga,* The Future of the Internet, 2014, 19 ff.

28 *Postinett,* Amazon akzeptiert für Vorreiterrolle sinkende Gewinne, 2014, abrufbar unter: http://www.handelsblatt.com/unternehmen/handel-konsumgueter/die-schlacht-um-die-cloud-amazon-akzeptiert-fuer-vorreiterrolle-sinkende-gewinne/9803790.html (zuletzt abgerufen am 09.06.2016).

a) Internetnutzung auf hohem Niveau

Im Februar 2014 verfügten ca. 82 Prozent der Bevölkerung der Bundesrepublik Deutschland über die technische Möglichkeit, im Internet zu surfen.[29] Im Jahr 2013 verbrachte jeder Onliner schon 169 Minuten am Tag im Netz gegenüber 133 Minuten im Jahr 2012. In der Altersgruppe der 14- bis 29-Jährigen ist der Anstieg noch größer. Hier betrug die Verweildauer im Jahr 2013 bereits täglich 237 Minuten gegenüber 168 Minuten im Jahr 2012.

Dabei zählt die Suche nach Information, Unterhaltung und Kommunikation zu den wichtigen Anwendungen im Internet. Den Online-Angeboten kommt also eine immer wichtigere Bedeutung bei der *Informationsvermittlung*, vor allem bei aktuellen Informationen sowie bei fachlicher Information, zu. In die Webseiten der Informationsanbieter werden immer mehr Videos eingebettet, die auf große Beliebtheit stoßen.

Social Networks spielen für *Information und Kommunikation* eine immer größere Rolle. Facebook ist hier für Nachrichten das größte Netzwerk,[30] wobei sich auf dieser Plattform verstärkt Zeitungen und auch Fernsehsender präsentieren. Auch YouTube weist eine überraschend hohe Frequentierung bei den Social Media auf. 13 Prozent der Social-Media-Nutzer nutzen wöchentlich YouTube für den Bezug von Nachrichten. Starke Zuwächse hat in den letzten Jahren WhatsApp erfahren. Zahlreiche lokale Zeitungen experimentieren derzeit damit, über diesen Vertriebsweg ihre Stories zu verbreiten. Die Inhalte, die auf diesen Internetplattformen angeboten werden, unterliegen den Regeln, die die nach kommerziellen Gesichtspunkten arbeitenden Plattformanbieter setzen. Die Auswahlmechanismen sind stark durch den amerikanischen Kulturkreis geprägt, wie zuletzt die Auseinandersetzung um Hasskommentare bei Facebook gezeigt hat. Der Bezug von Informationen

---

29 Vgl. zu diesen und weiteren Zahlenangaben: *KEK*, Von der Fernsehzentrierung zur Medienfokussierung – Anforderungen an eine zeitgemäße Sicherung medialer Meinungsvielfalt, Fünfter Bericht der Kommission zur Ermittlung der Konzentration im Medienbereich (KEK) über die Entwicklung der Konzentration und über Maßnahmen zur Sicherung der Meinungsvielfalt im privaten Rundfunk, 2015, 44 ff. m.w.N.

30 *Newman/Levy/Nielsen*, Reuters Institute Digital News Report, 2015, 27, abrufbar unter: https://reutersinstitute.politics.ox.ac.uk/sites/default/files/Reuters%20 Institute%20Digital%20News%20Report%202015_Full%20Report.pdf (zuletzt abgerufen am 25.04.2016).

und Nachrichten über solche Plattformen wirft das Risiko auf, dass ihre weltweit operierenden und in vielen Märkten starken Anbieter einen großen Einfluss darauf bekommen, wie die Welt erzählt und erklärt wird.[31]

b) Internetvideos werden immer beliebter

Zudem ist zu beobachten, dass immer mehr Bewegtbilder abgerufen werden. Knapp jeder Zweite hat schon einmal Videos aus dem Internet konsumiert. Etwas mehr als jeder dritte Onliner (34 %) nutzt Videoportale wenigstens einmal in der Woche gegenüber 32 % im Jahr 2013.[32] Auch der zeitversetzte Abruf von Fernsehsendungen über die Mediatheken nimmt zu. 9 % der Onliner nutzten diese Möglichkeit im Jahr 2014 bereits zumindest einmal wöchentlich.[33]

In diesen Daten spiegelt sich auch wider, dass Videos ruckelfrei und gar in HD-Qualität verbreitet werden können. Die Vorteile des 4K Standard, der sich international immer mehr durchsetzt, können vor allem bei Internetvideos genutzt werden. Videoangebote sind heute in ein Internet-Ökosystem eingebunden. Dieses erlaubt den Nutzerinnen und Nutzern, *aktiv und kreativ* zu sein. Sie können ihre Videos selbstständig erstellen und verbreiten. Pro Minute werden heute 500 Stunden Videos auf YouTube hochgeladen.[34] Dies verdeutlicht, dass der Wandel vom bloßen Konsumenten zum *Prosumenten* in Zeiten des Cloud TV zu einem vorherrschenden Trend geworden ist.[35]

Darüber hinaus kann die Nutzerschaft audiovisuelle Bewegtbildangebote im Internet oder auch im linearen TV kommentieren. Hierfür bieten sich die

---

31 *Frick/Samochowiec/Gürtler*, Öffentlichkeit 4.0. Die Zukunft der SRG im digitalen Ökosystem, 2016, 4.
32 *Die Medienanstalten*, 17. Jahresbericht der KEK, Berichtszeitraum 01.07.2013 bis 30.06.2015, 2015, 127.
33 *Dies.*, 17. Jahresbericht der KEK, Berichtszeitraum 01.07.2013 bis 30.06.2015, 2015, 128.
34 *Robertson*, 500 hours of video uploaded to YouTube every minute, 2015, abrufbar unter: http://www.reelseo.com/hours-minute-uploaded-youtube/ (zuletzt abgerufen am 25.04.2016).
35 *Frick/Samochowiec/Gürtler*, Öffentlichkeit 4.0. Die Zukunft der SRG im digitalen Ökosystem, 2016, 24. Zu den jüngsten Trend aufgeschlüsselt nach Altersgruppen *Meeker*, Internet Trends 2016 – Code Conference, 2016, 71 ff. (zuletzt abgerufen am 25.04.2016).

insbesondere durch Facebook und Twitter oder WhatsApp bereitgestellten Möglichkeiten an, Videos zu bewerten, zu teilen oder den Like-Button zu betätigen. Diese Vernetzung von audiovisuellen Bewegtbildangeboten und sozialen Medien führt zur Herausbildung von *Social TV*. Hierdurch kann eine massenhafte und schnelle Verbreitung von Inhalten bewirkt werden, die durch das Wechselspiel von alten und neuen Medien zunehmend Fahrt aufnehmen kann.[36]

c) Lineare Fernsehnutzung verbleibt auf hohem Niveau

Die zunehmende Online-Nutzung führt zwar noch nicht dazu, dass die durchschnittliche Nutzungsdauer des klassischen linearen Fernsehens signifikant sinkt. Vielmehr bleibt diese bisher auf hohem Niveau stabil. Personen über 14 Jahre sahen nach einer Analyse auf Basis von Daten aus der ARD/ZDF Online Studie 2014 und Daten aus dem AGF/GfK-Fernsehpanel im ersten Halbjahr 2014 täglich 248 Minuten fern inklusive Internetanwendungen.[37] Auf das lineare Fernsehen entfielen 237 Minuten (96 % der Gesamtfernsehnutzung), 8 Minuten (3 %) auf Internetvideos, linear und zeitversetzt, sowie 3 Minuten (1 %) auf die zeitversetzte Fernsehnutzung, worunter die Aufzeichnung und das Abspielen von Sendungen auf dem Digital Video Recorder verstanden wird.[38] Die Mediennutzung erfolgt hier oft auf mehreren Endgeräten, die gleichzeitig eingesetzt werden (Second-Screen-Phänomen).

---

36 Ein jüngstes Beispiel ist hierfür die Verbreitung des Videos „Erdowie, Erdowo, Erdogan" durch die NDR Sendung extra 3 im März 2016, die außenpolitische Verwicklungen mit der Türkei ausgelöst hat. Während die Sendung extra 3 regelmäßig nur geringe Einschaltquoten ausweist, erzielte der Clip bereits im April mehr als 7,5 Mio. Abrufe.

37 *Frees*, Konvergentes Fernsehen: TV auf unterschiedlichen Zugangswegen, Media Perspektiven 2014, 417 (417).

38 *Die Medienanstalten*, 17. Jahresbericht der KEK, Berichtszeitraum 01.07.2013 bis 30.06.2015, 2015, 132.

Grafik 1: Fernsehnutzungsformen 1. Halbjahr 2014

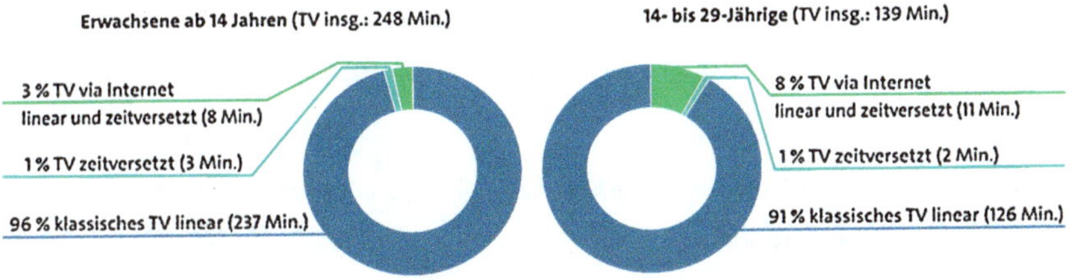

Erwachsene ab 14 Jahren (TV insg.: 248 Min.)   **14- bis 29-Jährige (TV insg.: 139 Min.)**

3 % TV via Internet
linear und zeitversetzt (8 Min.)

1 % TV zeitversetzt (3 Min.)

96 % klassisches TV linear (237 Min.)

8 % TV via Internet
linear und zeitversetzt (11 Min.)

1 % TV zeitversetzt (2 Min.)

91 % klassisches TV linear (126 Min.)

Basis für klassisches TV linear und zeitversetzt: Erwachsene ab 14 Jahren, TV Scope, 1.1.-30.06.2014 (endgültig gewichtet); Quelle: AGF in Zusammenarbeit mit GfK (D+EU).
Basis für TV-Sendungen via Internet linear und zeitversetzt: Alle Befragten ab 14 Jahren, Mediennutzung gestern, Mo.-So., 05:00-24:00 Uhr (n=1.814); Quelle: ARD/ZDF-Onlinestudie 2014.
Quelle: Frees, Konvergentes Fernsehen: TV auf unterschiedlichen Zugangswegen, Ergebnisse der ARD/ZDF-Onlinestudie 2014, In: Media Perspektiven 7-8/2014, S. 418; eigene Darstellung KEK.

Quelle: *Die Medienanstalten*, 17. Jahresbericht der KEK, Berichtszeitraum 01.07.2013 bis 30.06.2015, 2015, 132.

d) Nutzung von linearem Fernsehen und Internetvideos gesamt

Interessant ist es, lineares Fernsehen und im Internet verbreitete Videos zusammengefasst zu betrachten. Erwachsene ab 14 Jahren haben im ersten Halbjahr 2014 einen Bewegtbildkonsum von insgesamt täglich 255 Minuten (Lineares und zeitversetztes Fernsehen lauf AGF-/GfK-Panel + TV-Sendungen und Videos via Internet).[39] 237 Minuten (93 %) entfallen auf das lineare Fernsehen, 8 Minuten auf Fernsehnutzung und 7 Minuten auf Videonutzung über das Internet, was einem Anteil von 6 Prozent an der täglichen Bewegtbildnutzung bedeutet, und 3 Minuten (1 %) auf die zeitversetzte Fernsehnutzung.[40] Auch hier ergeben sich erhebliche Abweichungen zur Altersgruppe der 14- bis 29-Jährigen. Die Bewegtbildnutzung macht hier insgesamt 160 Minuten aus.[41] Dies ist deutlich weniger als die Nutzungsdauer in der Gesamtbevölkerung Während 14-29-Jährige deutlich weniger fern

---

39 *Dies.*, 17. Jahresbericht der KEK, Berichtszeitraum 01.07.2013 bis 30.06.2015, 2015, 133.

40 *Dies.*, 17. Jahresbericht der KEK, Berichtszeitraum 01.07.2013 bis 30.06.2015, 2015, 133.

41 *Dies.*, 17. Jahresbericht der KEK, Berichtszeitraum 01.07.2013 bis 30.06.2015, 2015, 133.; *Eimeren/Frees,* 79 Prozent der Deutschen online – Zuwachs bei mobiler Internetnutzung, Media Perspektiven 2014, 394 spricht von 128 Minuten Fernsehkonsum, differenziert dabei aber nicht weiter zwischen zeitversetztem und klassischem TV. Die Gesamtdauer (128 Minuten) deckt sich jdf. mit der Angabe im KEK-Bericht.

sehen (126 Min.) als die Bevölkerung ab 14 Jahren (237 Min.), wenden sie etwa doppelt so viel Zeit für die Nutzung von Onlinevideos inklusive TV-Sendungen im Internet auf (32 Min. versus 15 Min. bei allen Erwachsenen ab 14 Jahren).

Grafik 2: Fernsehnutzungsformen plus Onlinevideos 1. Halbjahr 2014

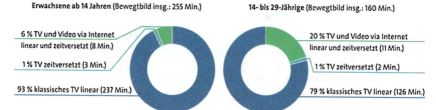

Erwachsene ab 14 Jahren (Bewegtbild insg.: 255 Min.)   **14- bis 29-Jährige (Bewegtbild insg.: 160 Min.)**

6 % TV und Video via Internet linear und zeitversetzt (8 Min.)

1 % TV zeitversetzt (3 Min.)

93 % klassisches TV linear (237 Min.)

20 % TV und Video via Internet linear und zeitversetzt (11 Min.)

1 % TV zeitversetzt (2 Min.)

79 % klassisches TV linear (126 Min.)

Basis für klassisches TV linear und zeitversetzt: Erwachsene ab 14 Jahren, TV Scope, 1.1.-30.06.2014 (endgültig gewichtet); Quelle: AGF in Zusammenarbeit mit GfK (D+EU).
Basis für TV-Sendungen und Videos via Internet linear und zeitversetzt: Alle Befragten ab 14 Jahren, Mediennutzung gestern, Mo.-So., 05:00-24:00 Uhr (n=1.814); Quelle: ARD/ZDF-Onlinestudie 2014.
Quelle: Frees, Konvergentes Fernsehen: TV auf unterschiedlichen Zugangswegen, Ergebnisse der ARD/ZDF-Onlinestudie 2014, in: Media Perspektiven 7-8/2014, S. 419; eigene Darstellung KEK.

Quelle: *Die Medienanstalten*, 17. Jahresbericht der KEK, Berichtszeitraum 01.07.2013 bis 30.06.2015, 133.

Vermutlich drückt sich in dieser Differenz aus, dass ein Großteil der Aufmerksamkeit von anderen Internetdiensten und -features absorbiert wird. Auch die Aufteilung im Hinblick auf die Nutzungsformen weist Besonderheiten auf. Auf das lineare Fernsehen entfallen 126 Minuten (79 %), auf Fernsehinhalte via Internet entfallen 11 Minuten (20 %) und auf das zeitversetzte Fernsehen 2 Minuten (1 %).[42] In dieser Altersgruppe überwiegt inzwischen auch die Internetnutzung gegenüber der Fernsehnutzung.[43] Das Internet wird 233 Minuten und das Fernsehen 128 Minuten täglich

---

42 Vgl. *Frees*, Konvergentes Fernsehen: TV auf unterschiedlichen Zugangswegen, Ergebnisse der ARD/ZDF-Onlinestudie, Media Perspektiven 2014, 418; *Die Medienanstalten*, 17. Jahresbericht der KEK, Berichtszeitraum 01.07.2013 bis 30.06.2015, 133.
43 *Die Medienanstalten*, 17. Jahresbericht der KEK, Berichtszeitraum 01.07.2013 bis 30.06.2015, 133.

genutzt.[44] Nur ein kleiner Anteil der Internetnutzung entfällt dabei auf die Nutzung des gestreamten Live-TV.[45]

4. Fragmentierung des Medienpublikums

These 5

Es sind zwei Dimensionen der Fragmentierung des Sehverhaltens festzustellen. Die 14- bis 49-Jährigen und erst recht die 14- bis 29- Jährigen wenden sich in immer größerem Maß den privaten Programmen und Abrufangeboten zu, sodass man durchaus von einem Generationenabriss zu Lasten des öffentlich-rechtlichen Fernsehens sprechen kann. Hinzu kommen spezifische Fragmentierungstendenzen durch die Möglichkeiten der Internetkommunikation, die den gesellschaftlichen Diskurs verändern.

a) Lineares Fernsehen

Auch wenn das lineare Fernsehen bei jüngeren Altersgruppen mit einer durchschnittlichen Nutzungsdauer von 126 Minuten täglich im ersten Halbjahr 2014 eine wesentlich wichtigere Rolle spielt als gemeinhin angenommen wird, sind die Unterschiede zur Gesamtbevölkerung doch markant.[46]

Zudem lässt sich in dieser Gruppe auch ein deutlicher Rückgang der Nutzung von Nachrichtensendungen und Informationsangeboten aller Sender feststellen. Sie sind für die Meinungsbildung von besonderer Wichtigkeit und betreffen eine Kernmaterie des ÖRR, die für die Erfüllung eines Funktionsauftrages elementar ist. Schauten noch im Jahre 2005 31 % täglich Fernsehnachrichten, sind dies in der Altersgruppe 14 bis 29 im Jahr 2015

---

44 Vgl. http://www.ard-zdf-onlinestudie.de/index.php?id=483 (zuletzt abgerufen am 09.06.2016); *Eimeren/Frees*, Media Perspektiven 2014, 394.

45 *Frees* schreibt in Konvergentes Fernsehen: TV auf unterschiedlichen Zugangswegen, Ergebnisse der ARD/ZDF-Onlinestudie, Media Perspektiven 7-8/2014, 418 davon, dass die Altersgruppe der 14- bis 29-Jährigen 32 Minuten pro Tag bewegte Bilderinhalte im Internet schaut: 11 Minuten davon seien Fernsehinhalte, 21 Minuten sonstige Bewegtbildinhalte. In diesen 11 Minuten dürfte aber auch das zeitversetzte Fernsehen via Internet mit erfasst sein, vgl. Abbildung 1 auf S. 418.

46 *Die Medienanstalten*, 17. Jahresbericht der KEK, Berichtszeitraum 01.07.2013 bis 30.06.2015, 2015, 132; Laut *ANGA*, Kursbuch – Medienkonsum der Zukunft, 2015, 13 widmet die Gruppe der 14- bis 29-Jährigen dem klassischen Fernsehen 124 Minuten pro Tag im Durchschnitt.

nur noch 23 %. Von diesem Trend sind jedoch im Grundsatz auch die älteren Jahrgänge erfasst. In der Altersgruppe 30 bis 49 und in der Gruppe ab 50 sind in demselben Zeitraum die Nutzungsraten von 53 % auf 45 % bzw. 76 % auf 70 % gefallen.[47]

Ob der ÖRR in der aktuellen Form seine Aufgabe weiterhin erfüllen kann, wird durch eine weitere Entwicklung in Frage gestellt: Die Fragmentierung des Sehverhaltens.[48] Hierunter ist zu verstehen, dass das klassische Fernsehprogramm in Deutschland immer weniger in seiner Gesamtheit als Angebot wahrgenommen wird und die Rezipienten ihr Sehverhalten auf einzelne Sender ausrichten (Verspartung). Die Zuschauerzahlen beim linearen Fernsehen belegen, dass sich die Sehgewohnheiten der 14- bis 49-Jährigen und diejenigen der 14- bis 29-Jährigen zunehmend deutlich von denen der Gesamtbevölkerung unterscheiden. Mehrere private Fernsehprogramme erreichen mittlerweile bei der Gruppe der 14- bis 49-Jährigen und erst recht bei der Gruppe der 14- bis 29-Jährigen einen höheren Zuschaueranteil als die öffentlich-rechtlichen Programme und dies teilweise sogar mit einem deutlichen Abstand.

b) Internetangebote

Schon die Entstehung des Mehrkanalfernsehens hat zu einer erheblichen Fragmentierung der Zuschauerschaft geführt. Dieser Trend setzt sich jetzt mit der zunehmenden Popularität des Internets fort. Oft sind es Fangruppen, die sich um einzelne Stars der Videoszene gruppieren. Dieser Trend zur Fragmentierung wird durch Empfehlungen Dritter gestärkt. Die Möglichkeiten der Empfehlung führen zu den vielbeachteten *viralen Effekten*. Ein Angebot, das bei YouTube eingestellt und daraufhin kommentiert wird, findet eine vielfach größere Aufmerksamkeit, als dies der Fall wäre, wenn das Video nur auf eine Webpage eines Fernsehanbieters eingestellt würde.

---

47 ZDF Medienforschung 2015 (interne Daten).

48 Siehe hierzu bereits *Dörr/Deicke*, Positive Vielfaltsicherung – Ein Beitrag zur Bedeutung und zukünftigen Entwicklung der Fensterprogramme für die Meinungsvielfalt in den privaten Fernsehprogrammen, 2015, 25 ff.; vgl. auch *Dörr*, Die Sicherung der Meinungsvielfalt und die Rolle des privaten Rundfunks, in: Sachs/Siekmann (Hrsg.), Der grundrechtsgeprägte Verfassungsstaat, FS Stern, 2012, 1349 ff.

Insider sprechen davon, dass durch diese Effekte 10-mal so viele Nutzer angezogen werden. Je interessanter und intensiver solche Angebote genutzt werden, desto mehr gehen sie zeitlich zu Lasten der herkömmlichen linearen TV-Angebote und treiben die Fragmentierung der Nutzerschaft voran.

Zudem werden die eingesetzten *Personalisierungsinstrumente* immer besser. Auf dieser Grundlage lassen sich die Nutzerpräferenzen besonders gut ermitteln. Die Vorschläge für die als nächstes anzusehenden Videos oder den anzuhörenden Musiktitel sind oft so gut, dass viele Nutzer auf Empfehlungen von Dritten oder Programmführern vergleichsweise wenig angewiesen sind.

Nutzergruppen können sich aber auch thematisch ausrichten, wie das Beispiel von Communities, die ein bestimmtes Spiel (z.B. World of Warcraft) im Internet verfolgen, zeigt. Zudem finden sich Gruppen, die sich durch homogene Sichtweisen und Wertvorstellungen auszeichnen und gegenseitig bestärken, in sozialen Netzwerken zu bestimmten Themen und gesellschaftlichen Konflikten zusammen. Das Internet erleichtert die orts- und zeitunabhängige Bildung und Verfestigung solcher Communities.[49]

Die Folge dieser Fragmentierung ist, dass sich Communities bilden, die, gestützt auf die im Internet bereitstehenden Kommunikationsplattformen, vorwiegend untereinander kommunizieren und sich dem Austausch mit anderen Gruppen tendenziell verschließen.[50] Die Folge ist die Herausbildung sog. *Echokammern* bzw. *Filter Bubbles*. Da sich in diesen digitalen Realitäten eigene Mentalitäten und Sichtweisen herausbilden, ist das Risiko hoch, dass sie sich von anderen Communities, insbesondere von den Eliten aus Wirtschaft, Gesellschaft und Wissenschaft eines Landes, entfremden.[51] Dies gefährdet den rationalen übergreifenden Diskurs in der Gesellschaft, der die Voraussetzung für eine auf umfassende und vielfältige Information gestützte Willensbildung und damit für eine funktionsfähige Demokratie

---

49 *Del Vicario* et al., Echo chambers in the age of misinformation, 2015, abrufbar unter: http://arxiv.org/pdf/1509.00189v2.pdf (Stand: 25.04.2016).

50 *Bozdag/van den Hoven*, Breaking the filter bubble – democracy and design, Ethics Information Technology 17 (2015), 249.

51 *Frick/Samochowiec/Gürtler*, Öffentlichkeit 4.0. Die Zukunft der SRG im digitalen Ökosystem, 2016, 4.

ist. Der ÖRR muss darauf eine Antwort finden. Denn es gehört zu seinen klassischen Aufgaben, zum Zusammenhalt in der Gesellschaft beizutragen.

5. Fortsetzung des Trends

These 6
Es ist damit zu rechnen, dass dem Abruf von Inhalten aus der Cloud bei allen Altersgruppen immer größeres Gewicht zukommen wird. Dies wird jedoch das lineare Programmfernsehen auf absehbare Zeit nicht ablösen. Vielmehr werden beide Angebotsformen nebeneinander bestehen und unterschiedliche Nutzerbedürfnisse bedienen.

In der Mediengeschichte hat niemals eine neu auftretende Informations- oder Kommunikationsform eine bisherige vollständig abgelöst. Gemäß dem sog. Rieplschen Gesetz[52], dessen Bedeutung gerade auch im Internetzeitalter immer wieder erörtert wird, führt das Aufkommen eines neuen Mediums zur Ausdifferenzierung und Komplementarität im sich verbreiternden Medienspektrum nicht zur vollständigen Substitution eines Mediums durch ein neues. Alte Medien konzentrieren sich dann auf ihre besonderen Stärken, neue Medien stiften Zusatz- oder neuen Nutzen, den die alten nicht oder nur unvollkommen bieten konnten. So erklärt sich, dass mündliche und schriftliche Kommunikation, Präsenzkommunikation und Fernkommunikation, Kino und Fernsehen, Steintafeln und Buch, Print und Online usw. nebeneinander existieren, freilich mit sich verändernden Gewichten und Verwendungsformen. Vor diesem Hintergrund wird auch klar, dass das nicht-lineare Cloud TV das lineare Programmfernsehen nicht in großem Umfang oder gar vollständig ablösen wird, aber es wird Verschiebungen, Umschichtungen und Verhaltensänderungen im Gefolge des Aufkommens von Cloud TV geben, die vor allem aus den spezifischen Vor- und Nachteilen der jeweiligen Fernsehform resultieren. Das lässt sich anhand jüngerer Untersuchungen illustrieren.

---

52 *Riepl*, Das Nachrichtenwesen des Altertums mit besonderer Rücksicht auf die Römer, 1913; *Peiser*, Riepls „Gesetz" von der Komplementarität alter und neuer Medien, in: Arnold/Behmer/Semrad (Hrsg.): Kommunikationsgeschichte. Positionen und Werkzeuge, 2008, 155.

Die ARD/ZDF Online-Studie hat in den Jahren 2013 und 2014 genauer untersucht, warum die Nutzer so oft Videoportale nutzen und in welchem Verhältnis die Funktionen dieses Zugangs zum linearen Fernsehen stehen.[53] Als gemeinsame Dimensionen wurden die Angebotsbreite, der Auswahlstress, Denkanstöße, Alltagsnützlichkeit, Entspannung, Humor, Information und Gesprächsstoff abgefragt. Spezifisch im Hinblick für Videoportale wurde zudem auf die zeitlich uneingeschränkte Verfügbarkeit der Inhalte Bezug genommen und im Hinblick auf das Fernsehprogramm auf die Verlässlichkeit der festen Sendetermine. Die folgenden tabellarischen Übersichten zeigen die Einschätzungen der verschiedenen Nutzendimensionen für Videoportale und klassisches Fernsehprogramm im Durchschnitt der Befragten sowie spezifisch für die Gruppe der 14- bis 29-Jährigen. Daraus wird deutlich, dass es kein Entweder-Oder, sondern differenziertes sowie komplementäres Sowohl-als-Auch zwischen diesen beiden Mediengattungen gibt.

Tab. 5 Aussagen zu Videoportalen stimme voll und ganz zu, in %	Gesamt	14-29 J.
Auf Videoportalen finde ich, was ich suche	21	42
Auf Videoportalen ist mir die Auswahl zu anstrengend	9	6
Auf Videoportalen bekomme ich immer wieder Denkanstöße	9	17
Auf Videoportalen erfahre ich Dinge, die für meinen Alltag nützlich sind	13	23
Auf Videoportalen finde ich immer etwas zum Entspannen	16	33
Auf Videoportalen finde ich immer etwas, das meinem Humor entspricht	22	42
Videoportale nutze ich, um mich zu informieren	15	23
Ich unterhalte mich häufiger mit meinen Freunden über Dinge, die ich auf Videoportalen angesehen habe	10	25
Videoportale sind eine echte Alternative zum Fernsehen	16	35
Ich finde gut, dass ich auf Videoportalen jederzeit auf die Angebote zugreifen kann	39	61

Basis: Deutsch sprechende Onlinenutzer ab 14 Jahren (n=1 434).
Quelle: ARD/ZDF-Onlinestudie 2014.

Tab. 6 Aussagen zum Fernsehprogramm stimme voll und ganz zu, in %	Gesamt	14-29 J.
Im Fernsehprogramm finde ich, was ich suche	10	10
Im Fernsehprogramm ist mir die Auswahl zu anstrengend	6	7
Im Fernsehprogramm bekomme ich immer wieder Denkanstöße	11	9
Im Fernsehprogramm erfahre ich Dinge, die für meinen Alltag nützlich sind	13	13
Im Fernsehprogramm finde ich immer etwas zum Entspannen	14	16
Im Fernsehprogramm finde ich immer etwas, das meinem Humor entspricht	11	15
Das Fernsehen nutze ich, um mich zu informieren	27	21
Ich unterhalte mich häufiger mit meinen Freunden über Dinge, die ich im Fernsehen angesehen habe	15	17
Das Fernsehen ist mir wichtiger als Videoportale wie Youtube	29	22
Ich finde gut, dass es im Fernsehen für meine Lieblingssendungen feste Sendezeiten gibt	32	39

Basis: Deutsch sprechende Onlinenutzer ab 14 Jahren (n=1 434).
Quelle: ARD/ZDF-Onlinestudie 2014.

Quelle: *Koch/Liebholz*, Bewegtbildnutzung im Internet und Funktionen von Videoportalen im Vergleich zum Fernsehen, Media Perspektiven 2014, 402.

Als Vorteil von Videoportalen sehen 39 % der Befragten die uneingeschränkte Verfügbarkeit, beim Fernsehprogramm sind es 32 %, die auf die Verlässlichkeit der Sendezeiten verweisen. Auf den Plätzen 2 und 3 der häufigsten

---

53 *Koch/Liebholz,* Bewegtbildnutzung im Internet und Funktionen von Videoportalen im Vergleich zum Fernsehen, Media Perspektiven 2014, 397 (401).

Nennungen liegen bei Videoportalen Humor (22 %) und Angebotsbreite (21 %). Danach finden sich in der Reihenfolge die Dimensionen Entspannung, Information und Alltagsnützlichkeit (von 13 % bis 16 %). Am Ende der Skala rangieren die Aspekte Gesprächsstoff und Denkanstöße (9 % bzw. 10 %). Im Hinblick auf Fernsehprogramme sind die Verlässlichkeit der Sendezeiten und das Informationsmotiv am Höchsten gerankt. Die Dimensionen Gesprächsstoff, Entspannung und Alltagsnützlichkeit (13 % bis 15 %) folgen danach. Am Ende der Liste finden die Aspekte Humor, Denkanstöße und Angebotsbreite (ca. 10 %). Der Aspekt Alltagsstress findet sich weder bei den Videoportalen noch bei den Fernsehprogrammen. Dies ist für zugehörige Hörer der Altersgruppen sicherlich im Hinblick auf die Videoportale eine Überraschung. Interessant sind auch hier die Vergleiche zwischen den Altersgruppen. Die Dimension der Angebotsbreite bei Videoportalen in der Gruppe zwischen 14 bis 29 wird von 63 % der Männer und 52 % der Frauen präferiert. Im Hinblick auf die Informationsdimension ziehen junge Männer Videoportale zu 31 % in den Vordergrund, während bei älteren Gruppen zu mehr als 50 % das Fernsehen im Mittelpunkt steht. Ähnlich ist die Situation bei dem Aspekt der Entspannung. Die größten Stärken haben Videoportale offenbar beim Humor. 2/3 der jungen Männer ziehen diese dem Fernsehprogramm vor. Das Fernsehen wird vor allem als Informationsmedium geschätzt. Anders ist dies nur bei männlichen Online-Nutzern unter 30. Sie geben auch im Hinblick auf die Kategorien Informationen, Denkanstöße und Entspannung den Videoportalen den Vorzug. Es ist auch genau diese Gruppe, die zu 41 % angibt, sie sehe weniger Fernsehen, seit dem es YouTube gibt.[54]

Die hohe Dauer und Intensität der Nutzung von Videos in der jüngeren Altersgruppe wird als ein Zeichen gesehen, dass sich das Mediennutzungsverhalten wandelt und in Richtung auf die in dieser Gruppe festgestellten Verhaltensweisen entwickelt. Als wichtige Einflussfaktoren für diesen Trend lassen sich die *immer stärker individualisierte Nutzung* und die *Vermehrung der Angebote* ausmachen. Der Wunsch nach Wahlfreiheit und Individualisierung setzt sich in der Gesellschaft immer stärker durch. Gefördert wird dies durch die *Bereitstellung von mobilen Endgeräten* ebenso wie durch die technischen Fortschritte bei der Bereitstellung digitaler Angebote, der

---

54 *Dies.*, Bewegtbildnutzung im Internet und Funktionen von Videoportalen im Vergleich zum Fernsehen, Media Perspektiven 2014, 397 (406).

Personalisierung durch Big Data, den neuen Möglichkeiten der *Interaktivität* oder der Abgabe von *Empfehlungen*. Insgesamt scheint hier die Technologie die Grundlage für neue Nutzungsformen und auch Inhalte zu sein.

Der internationale Trend geht in diese Richtung. Deutschland ist im Bereich der Digitalisierung und der Nutzung neuer Technologien und Angebotsformen keinesfalls führend. Die Videoexplosion hat insbesondere in Asien schon eine längere Tradition, die sich im angloamerikanischen Sprachraum schnell weiter fortsetzt. Als ein Beispiel für eine Gesellschaft, in der sich das Nutzungsverhalten bereits stärker auf diese Trends ausgerichtet hat, kann Großbritannien angeführt werden. Die Statistik für die Nutzung von Videos weist hier einen deutlich geringeren Anteil von Live-TV mit 69 % im Jahre 2014 aus, als dies in Deutschland der Fall ist. Auf den Plätzen 2 und 3 findet sich das zeitversetzte Fernsehen (16 %) und die Mediatheken der Sender (5 %). Video-on-Demand Plattformen machen 3 % aus. In der Altersgruppe der 16- bis 24-Jährigen ist der Anteil von Live-TV bereits auf 50 % zurückgegangen. Das Playback-TV liegt auf Platz 2 mit 16 % und die Video-on-Demand-Nutzung beträgt hier 6 %. Der DVD-Konsum beträgt immerhin noch 13 %.

Grafik 3: Proportion of watching activities, by age group

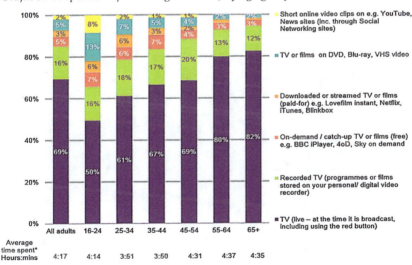

Quelle: Ofcom's Digital Day research in the Communications Market Report 2014.

Über die Geschwindigkeit dieses Wandlungsprozesses lassen sich derzeit keine soliden Aussagen machen. In letzter Zeit deutet in Deutschland vieles darauf hin, dass sich der Wandel sukzessive vollzieht und nicht zu einem schnellen oder gar revolutionären Umstieg hin zu internetgestützten Videodiensten erfolgt. Das Rieplsche Gesetz lässt jedenfalls vermuten, dass kein Medium ausstirbt, wenn sich eine neue Kommunikationsweise entwickelt.

III. Funktionsauftrag des ÖRR

Um die Rolle des ÖRR in einer sich wandelnden Medienwelt abstecken zu können, ist in einem ersten Schritt zu klären, in welcher Weise und mit welchen Zielen die Verfassung den ÖRR beauftragt (1.), welche europarechtlichen Vorgaben zu beachten sind (2.) und wie die einfachgesetzliche Umsetzung den so beschriebenen Funktionsauftrag ausgestaltet (3.). Vor diesem Hintergrund kann dann in den Folgekapiteln die Gültigkeit des Funktionsauftrags unter den gewandelten Bedingungen untersucht (IV.) und der sich ergebende Handlungsbedarf umrissen werden (V.).

1. Verfassungsrechtliche Anforderungen

These 7

Dem ÖRR ist durch die Verfassung ein besonderer Funktionsauftrag übertragen worden, der durch die Rechtsprechung des Bundesverfassungsgerichts konkretisiert und durch den Gesetzgeber im Rundfunkstaatsvertrag unter Beachtung der europarechtlichen Rahmenbedingungen ausgestaltet wurde. Diesen Auftrag erfüllt der ÖRR durch lineare Programmangebote und durch Bereitstellung von Abrufdiensten (Telemedien).

Der Bestimmung des Art. 5 Abs. 1 Satz 2 GG[55] und den dazu ergangenen verfassungsgerichtlichen Entscheidungen kommt eine besondere Bedeutung für den ÖRR in Deutschland zu.[56] Sie gewährleistet die Presse-, Rundfunk- und

---

55 „Die Pressefreiheit und die Freiheit der Berichterstattung durch Rundfunk und Film werden gewährleistet."

56 Siehe hierzu *Dörr/Deicke*, Positive Vielfaltsicherung – Ein Beitrag zur Bedeutung und zukünftigen Entwicklung der Fensterprogramme für die Meinungsvielfalt in den privaten Fernsehprogrammen, 2015, 11 ff; siehe auch *Schüller*, Die Auftragsdefinition für den öffentlich-rechtlichen Rundfunk nach dem 7. und 8. Rundfunkänderungsstaatsvertrag, 2007, 102 ff.; *Reese*, Der Funktionsauftrag des öffentlich-rechtlichen Rundfunks vor dem Hintergrund der Digitalisierung, 2006, 74 ff; *Hoffmann-Riem*, Stadien des Rundfunk-Richterrechts, in: *Jarren (Hrsg.)*, Medienwandel – Gesellschaftswandel?, 1994,17 ff.; *Grimm*, Schutzrecht und Schutzpflicht, Zur Rundfunkrechtsprechung in Amerika und Deutschland, in: Gegenrede: Aufklärung – Kritik – Öffentlichkeit, Festschrift für Ernst Gottfried Mahrenholz, 1995, 529 ff.

Filmfreiheit. Nach ständiger Rechtsprechung des Bundesverfassungsgerichts handelt es sich bei der Rundfunkfreiheit um eine *„dienende Freiheit"* und damit um ein in erster Linie drittnütziges Freiheitsrecht, das der freien individuellen und öffentlichen Meinungsbildung dient.[57] Die Sonderdogmatik des Rundfunks findet ihre Legitimation in dem hervorstechenden Wert des Rundfunks für den freiheitlich demokratischen Rechtsstaat, der einen gewichtigen Beitrag zum öffentlichen Meinungsbildungsprozess leistet. Dieser Prozess stellt letztendlich die Grundvoraussetzung für eine funktionsfähige Demokratie dar.[58] Breitenwirkung, Aktualität und Suggestivkraft[59] machen eine positive Rundfunkregelung notwendig, da mit ihnen ein großes Gefährdungspotenzial einhergeht, die Bevölkerung einseitig ausgerichtet an bestimmten Interessen zu beeinflussen.[60] Den Staat trifft dabei gerade im Fernsehen die Strukturverantwortung zur effektiven Vielfaltsicherung. Die beschriebenen Wirkungsmächte sind nach Ansicht des Bundesverfassungsgerichts durch die Entwicklung der Kommunikationstechnologien und der Medienmärkte keineswegs entfallen, vielmehr hat sich ihr Einfluss verstärkt.[61]

Mit dieser Deutung der Rundfunkfreiheit geht die Pflicht des Gesetzgebers einher, eine *positive Rundfunkordnung* zu schaffen, in welcher die

---

57 Siehe hierzu *Dörr/Schwartmann*, Medienrecht, 5. Aufl., 2014, Rn. 169, 171 ff.; *Degenhart*, in: Dolzer/Vogel/Graßhof, Kommentar zum Bonner Grundgesetz, 123. Lieferung, 2006, GG, Art. 5 Abs. 1 und 2, Rn. 623; zum dienenden Charakter der Rundfunkfreiheit grundlegend *Burmeister*, Medienmarkt und Menschenwürde, in: EMR (Hrsg.), EMR-Dialog, 1992, 38 (55 ff.); *Stock*, Medienfreiheit als Funktionsgrundrecht, 1985, 325 ff.; *Bethge*, Die rechtliche Ordnung des Rundfunks und sein Verhältnis zu anderen Medien, DVBl. 1986, 861; *Böckenförde/Wieland*, Die „Rundfunkfreiheit" – ein Grundrecht?, AfP 1982, 77 (82); *Wieland*, Die Freiheit des Rundfunks, 1984, 94 ff.; kritisch zu dieser Konzeption *Hain*, Rundfunkfreiheit als „dienende Freiheit" – ein Relikt?, in: Bitburger Gespräche 48, 2007, 21 (22 ff.); *Fink*, Wem dient die Rundfunkfreiheit?, DÖV 1992, 805 (806 ff.).

58 Vgl. hierzu *Dörr/Schiedermair*, Ein kohärentes Konzentrationsrecht für die Medienlandschaft in Deutschland, 2007, 14.

59 So BVerfGE 31, 314 (325); 90, 60 (87); 97, 228 (256); 103, 44 (74); 114, 371 (387); 119, 181 (214, 215).

60 Vgl. hierzu *Ricker/Schiwy*, Rundfunkverfassungsrecht, 1997, B. Rn. 84 und *Ebsen*, Fensterprogramme im Privatrundfunk als Mittel zur Sicherung von Meinungsvielfalt, 2003, 53, jeweils m.w.N.

61 So BVerfGE 121, 30 (51); 136, 9 (28).

Vielfalt der bestehenden Meinungen im Rundfunk möglichst breit und vollständig vermittelt wird[62], die Bürger in einem umfassenden Sinne informiert werden[63], Meinungs- und politische Willensbildung sowie Unterhaltung stattfindet und über die laufende Berichterstattung hinaus der Rundfunk seiner kulturellen Verantwortung gerecht wird.[64] Dieser Auftrag an den Gesetzgeber beschreibt zugleich den durch das Bundesverfassungsgericht definierten klassischen Rundfunkauftrag. Wie der Gesetzgeber diesem Auftrag gerecht wird, ist grundsätzlich ihm überlassen.[65] Zu seiner Erfüllung hat das Bundesverfassungsgericht dem Gesetzgeber freilich Rahmenbedingungen aufgezeigt. Gestaltet der Gesetzgeber die positive Rundfunkordnung, muss er sich an den drei Strukturvorgaben der Rundfunkfreiheit – Pluralismus, Staatsferne und Programmfreiheit[66] – orientieren und diese verwirklichen. Zudem müssen seine Ausgestaltungen geeignet sein, *„das Ziel der Rundfunkfreiheit zu fördern, und die von Art. 5 Abs. 1 Satz 2 GG geschützten Interessen angemessen berücksichtigen".*[67]

Im Rahmen des durch den Gesetzgeber gewählten Systems obliegt dem ÖRR die Grundversorgung[68] der Bürger mit einem inhaltlich umfassenden Programmangebot. Den privaten Rundfunk trifft demgegenüber eine abgeschwächte Verantwortung zur Vielfaltsicherung, da dieser in einem freien Markt agiert und so programmbegrenzenden und vielfaltsverengenden Mechanismen unterworfen ist, auch wenn die Organisation des Rundfunks in öffentlich-rechtliche Anstalten und private Rundfunkunternehmen

---

62 Siehe nur BVerfGE 119, 181 (214); 121, 30 (50); 136, 9 (28).

63 So BVerfGE 59, 231 (257, 258), 73, 118 (152).

64 Siehe BVerfGE 73, 118 (158).

65 Siehe nur BVerfGE 12, 205, (262, 263); 119, 181 (214); 121, 30 (50); 136, 9 (28).

66 Siehe hierzu *Dörr/Schwartmann*, Medienrecht, 5. Aufl., 2014, Rn. 173 ff.

67 So BVerfGE 97, 228 (267); 121, 30 (59); Zur konkreten Reichweite dieses Prüfungsmaßstabs siehe *Hain*, Die zeitlichen und inhaltlichen Einschränkungen der Telemedienangebote von ARD, ZDF und Deutschlandradio nach dem 12. RÄndStV, 2009, 50 ff.

68 Grundlegend zum Begriff der Grundversorgung Herrmann, Hörfunk und Fernsehen in der Verfassung der Bundesrepublik Deutschland, 1975; Niepalla, Die Grundversorgung durch die öffentlich-rechtlichen Rundfunkanstalten, 1990, 70 ff.; Libertus, Grundversorgungsauftrag und Funktionsgarantie, 1991, 57 ff; Scheble, Grundversorgung – Definition und Umfang, ZUM 1995, 383 ff.

grundsätzlich für das Rundfunkangebot insgesamt vielfaltsteigernd wirken soll.[69]

Die dem ÖRR obliegende Grundversorgung[70] bedeutet in diesem Zusammenhang keine Mindestversorgung. Vielmehr müssen für die gesamte Bevölkerung Programme geboten werden, die dem klassischen Rundfunkauftrag gerecht werden.[71] Hierfür sind aus der Sicht des Bundesverfassungsgerichts drei Elemente erforderlich, nämlich eine Übertragungstechnik, die geeignet ist, die *gesamte Bevölkerung zu erreichen*, ein inhaltliches Angebot, das dem Rundfunkauftrag voll entspricht und zuletzt wirksame Mechanismen zur Sicherung der gleichgewichtigen Vielfalt im Rundfunkprogramm.[72]

In Zeiten des Cloud TV stellt sich dieser Auftrag im neuen Gewand. Bisher konnte der ÖRR die Bevölkerung durch das von ihm betriebene terrestrische Sendesystem erreichen. Im Kabelfernsehen gibt es Must-Carry-Rules, die sicherstellen, dass die öffentlich-rechtlichen Programme berücksichtigt werden. Bei der Verbreitung von Inhalten im Internet, die auch für den ÖRR zunehmend relevant wird, ist es durch Netzmanagement möglich, spezielle Transportklassen einzurichten. Sofern Inhalte besonderer Qualität z.B. audiovisuelle Inhalte nur über Transportklassen gegen Entgelt bezogen werden können, entstünde die Möglichkeit der Diskriminierung und der

---

69 So BVerfGE 114, 371 (387, 388); 119, 181 (217, 218), 121, 30 (52); *Bethge* spricht insoweit treffend von einer „hinkenden Dualität", vgl. dazu *Bethge*, Stand und Entwicklung des öffentlich-rechtlichen Rundfunks, ZUM 1991, 337 ff.

70 In seinen neueren Entscheidungen verwendet das BVerfG den Begriff der Grundversorgung nicht mehr, sondern spricht von dem „klassischen Funktionsauftrag" des öffentlich-rechtlichen Rundfunks. Er habe die Aufgabe, als Gegengewicht zu den privaten Rundfunkanbietern ein Leistungsangebot hervorzubringen, das einer anderen Entscheidungsrationalität als der der marktwirtschaftlichen Anreize folge und damit eigene Möglichkeiten der Programmgestaltung eröffne. Dieser Auftrag umfasse neben seiner Rolle für die Meinungs- und Willensbildung, neben Unterhaltung und Information auch seine kulturelle Verantwortung, vgl. BVerfGE 90, 60 (90); 119, 181 (216 ff.); 136, 9 (29); Hoffmann-Riem, Regulierung der dualen Rundfunkordnung, 2000, 208 ff.; Holznagel/Vesting, Sparten und Zielgruppenprogramme im öffentlich-rechtlichen Rundfunk, insbesondere im Hörfunk, 1999, 55 ff.

71 So BVerfGE 73, 118 (157, 158).

72 So BVerfGE 74, 297 (325).

nicht mehr sichergestellten Verfügbarkeit in der gesamten Bevölkerung.[73] Sofern solche Einschränkungen eines neutralen Transports realisiert werden, muss aus verfassungsrechtlicher Sicht dafür gesorgt werden, dass die durch den Rundfunkbeitrag finanzierten Inhalte des ÖRR auch für jedermann zugänglich sind und bleiben.

a) Die Rolle des ÖRR im demokratischen Prozess

These 7a

Der ÖRR ist durch seinen hervorstechenden Wert für den freiheitlich demokratischen Rechtsstaat legitimiert. Ihm obliegt in erster Linie die Aufgabe der Vielfaltsicherung. Dadurch trägt er entscheidend dazu bei, die Demokratie mit den Mitteln des Rundfunks zu sichern und zu fördern.

Die Aufgabe der Vielfaltsicherung im Rundfunk obliegt in erster Linie den öffentlich-rechtlichen Anstalten.[74] Sie sind in der Pflicht, den klassischen Funktionsauftrag des Rundfunks zu erfüllen. Das Pluralismusgebot zielt darauf ab, die Demokratie mit den Mitteln des Rundfunks zu sichern und zu fördern und ist damit zugleich aus dem Demokratieprinzip des Art. 20 Abs. 2 Satz 1 GG selbst abzuleiten. Das Demokratieprinzip wird durch die Ewigkeitsgarantie aus Art. 79 Abs. 3 GG festgeschrieben und gehört daher zu den Grundprinzipien unserer Staatsorganisation. Im Mittelpunkt unserer Gesellschaft steht der Mensch als Individuum. Seine Selbstbestimmtheit wird durch die Menschenwürde garantiert und verlangt nach einer demokratischen Staatsform.

Der Funktionsbezug der Rundfunkfreiheit besteht demnach darin, eine freie individuelle und öffentliche Meinungsbildung zu gewährleisten. Dies ist notwendig, um einen freien Kommunikationsprozess zu ermöglichen,

---

73 Hierzu *Holznagel/Schumacher,* Kommunikationsfreiheiten und Netzneutralität, in: Kloepfer (Hrsg.), Netzneutralität in der Informationsgesellschaft, Beiträge zum Informationsrecht, Bd. 27, 2011, 47 f. *Eberle,* Netzneutralität. Determinanten und Anforderungen, in: Mehde/Ramsauer/Seckelmann, Staat, Verwaltung, Information. Festschrift für Hans Peter Bull zum 75. Geburtstag, 2011, 979.

74 So u.a. *Dörr/Deicke,* Positive Vielfaltsicherung – Ein Beitrag zur Bedeutung und zukünftigen Entwicklung der Fensterprogramme für die Meinungsvielfalt in den privaten Fernsehprogrammen, 2015, 20 ff.

der für den freiheitlich demokratischen Rechtsstaat unerlässlich ist.[75] Der Kommunikationsprozess selbst, in Form der ständigen geistigen Auseinandersetzung und dem geistigen Kampf der Meinungen, ist das Wesenselement der funktionsfähigen Demokratie und schafft deren Voraussetzungen.[76] Das Grundgesetz sieht diesen Prozess und die hieraus entstehende *„politische Willensbildung des Volkes"* in Art. 21 Abs. 1 Satz 1 GG als unabdingbare Voraussetzung der Demokratie an.[77]

Dieser Kommunikationsprozess ist aber keinesfalls selbstverständlich. Zum einen muss er entfacht und am Leben gehalten werden, zum anderen bedarf er einer demokratiebezogenen Ausrichtung. Hierfür ist es von entscheidender Bedeutung, dass die Wählerinnen und Wähler ein sachlich zutreffendes Fundament an Informationen erlangt haben, hieraus ihre eigene Meinung bilden und so ihre Wahlentscheidung definieren.[78] Die Freiheit der geistigen Entscheidung und des geistigen Meinungskampfes sind in diesem Zusammenhang unanfechtbare Bedingungen zur Gewährleistung des demokratischen Prozesses. Deshalb kann der Uninformierte und erst recht der Fehlinformierte nicht seiner Verantwortung im demokratischen Prozess gerecht werden.[79] Dementsprechend ist es notwendig, dass der öffentliche Meinungsbildungsprozess nicht durch wirtschaftlichen Druck, Drohungen oder Falschinformationen beeinflusst wird, sondern die Willensbildung in der Bevölkerung *„in voller innerer Freiheit"* stattfindet.[80]

---

75 Siehe hierzu BVerfGE 5, 85 (205); 7, 198 (212, 219); 20, 162 (174 ff.); 25, 256 (265) und *Hoffmann-Riem*, Kommunikationsfreiheiten, 2002, 99, m.w.N.

76 Vgl. BVerfGE 7, 198 (208) sowie *Holznagel*, „Erosion der demokratischen Öffentlichkeit?", VVDStRL 68 (2009), 381.

77 So BVerfGE 8, 104 (112, 130).

78 Siehe hierzu *Dörr/Schiedermair*, Die zukünftige Finanzierung der deutschen Universitäten, Ein Beitrag zu den verfassungsrechtlichen Vorgaben unter Berücksichtigung der Rechtsprechung zur Finanzausstattung des öffentlich-rechtlichen Rundfunks, 2004, 13 ff.

79 Siehe hierzu *Kirchhof*, Der Öffentlichkeitsauftrag des öffentlichen Rundfunks als Befähigung zur Freiheit, in: Abele/Fünfgeld/Riva (Hrsg.), Werte und Wert des öffentlich-rechtlichen Rundfunks in der digitalen Zukunft, 2001, 9 ff.

80 Siehe hierzu BVerfGE 5, 85 (205); 7, 198 (212, 219); 20, 162 (174 ff.); 25, 256 (265) und *Hoffmann-Riem*, Kommunikationsfreiheiten, 2002, 99, m.w.N., der diesen Vorgang als normatives Verfassungsprinzip der *„kommunikativen Chancengleichheit (-gerechtigkeit)"* beschreibt.

Hier setzt die Aufgabe des ÖRR an. Er hat der Bevölkerung die Vielfalt der bestehenden Meinungen im Rundfunk möglichst breit und vollständig zu vermitteln und die Bürger in einem umfassenden Sinne zu informieren. Dies erfolgt nicht nur in den klassischen Nachrichten und Kulturprogrammen, sondern auch in der gesamten Breite der Genres Fernsehspiel und Unterhaltung. Es ist zudem nicht zu bestreiten, dass die Berichterstattung über den Sport zu den wichtigen Aufgaben des ÖRR gehört. Dies folgt daraus, dass der Sport im engen Zusammenhang mit den essentiellen Funktionen des ÖRR für die demokratische Ordnung steht. Der Sport bietet, wie das Bundesverfassungsgericht[81] betont, Identifikationsmöglichkeiten im lokalen und nationalen Rahmen und ist ein bedeutsamer Anknüpfungspunkt für eine breite Kommunikation in der Bevölkerung.[82]

b) Die kulturelle Verantwortung des ÖRR

These 7b
Dem Kulturauftrag des ÖRR kommt entscheidende Bedeutung zu. Er verpflichtet ihn, die in der Verfassung verankerten Grundwerte unserer Gemeinschaft zu vermitteln. Zum Kulturauftrag zählt auch die Bewahrung der kulturellen Güter (Archivfunktion). Diese Funktion nimmt er zusammen mit einer Reihe öffentlicher Einrichtungen (Bibliotheken, Museen, usw.) wahr.

Auch der Kulturauftrag des ÖRR[83] ist für dessen Funktion von erheblicher Bedeutung.[84] Denn die Demokratiefähigkeit einer Gesellschaft ergibt sich maßgeblich auch aus ihren kulturellen Grundwerten.[85]

---

81 BVerfGE 97, 228; eingehend dazu *Stettner*, in: Hartstein/Ring/Kreile/Dörr/Stettner/Cole/Wagner (Hrsg.), Heidelberger Kommentar zum Rundfunkstaatsvertrag, 64. EL., 2016, B2, Rn. 120 ff., insbes. 132.

82 Eingehend zur Bedeutung der Sportberichterstattung *Dörr*, Sport im Fernsehen, Die Funktionen des öffentlich-rechtlichen Rundfunks bei der Sportberichterstattung, 2000, 40 ff.

83 Grundlegend zu diesem *Wolf*, Der Kulturauftrag des öffentlich-rechtlichen Rundfunks in der Rechtsprechung des Bundesverfassungsgerichts, 2010.

84 Siehe zum Kulturauftrag bereits *Dörr/Deicke*, Positive Vielfaltsicherung – Ein Beitrag zur Bedeutung und zukünftigen Entwicklung der Fensterprogramme für die Meinungsvielfalt in den privaten Fernsehprogrammen, 2015, 23 ff.

85 Siehe hierzu *Kirchhof*, Der Öffentlichkeitsauftrag des öffentlichen Rundfunks als Befähigung zur Freiheit, in: Abele/Fünfgeld/Riva (Hrsg.), Werte und Wert des öffentlich-rechtlichen Rundfunks in der digitalen Zukunft, 2001, 9 (14).

Die Bundesrepublik ist nach Karlsruher Rechtsprechung als ein Kultur-staat konzipiert. Dieser Kulturauftrag verlangt, die Grundpfeiler unserer Gemeinschaft – zu der die Prinzipien der Menschenwürde, der persönlichen Freiheit, der Gleichberechtigung von Mann und Frau, der Religionsfreiheit, der Privatnützigkeit des Eigentums, aber auch der Herrschaft auf Zeit und das Wahlrecht gehören – an die Bevölkerung zu vermitteln.[86]

Eben diese Prinzipien müssen auch vom ÖRR durch alle Programmgenres gefördert und verständlich gemacht werden. Nur so kann der Bestand des freiheitlich demokratischen Rechtsstaats gesichert werden, nicht um seiner selbst willen, sondern im Interesse der in ihm auf Basis gemeinsamer, im Grundgesetz verankerter Werte zusammenlebenden Bürgerinnen und Bürger.

c) Integrationsauftrag des ÖRR

These 7c

Eine weitere zentrale Aufgabe des ÖRR ist der Integrationsauftrag. Durch ihn sollen die Bevölkerungsgruppen zusammengeführt werden, um eine Kultur des Verstehens zu fördern.

Mit der Aufgabe des Rundfunks, die Grundwerte einer demokratisch freiheit-lichen Gesellschaft zu vermitteln, geht ein weiterer Auftrag einher, nämlich der Integrationsauftrag des Rundfunks. Das Bundesverfassungsgericht hat den Integrationsauftrag des Rundfunks erstmals in seiner zweiten Rundfunk-entscheidung[87] erwähnt. Darin stellte es fest, dass den öffentlich-rechtlichen Rundfunkanstalten als Teil der öffentlichen Verwaltung eine integrierende Funktion für den gesamten Staat zukommt.[88] Die Anstalten seien Teil der öffentlichen Verwaltung, weil sie mit der Veranstaltung von Rundfunk eine öffentliche Aufgabe wahrnehmen würden.[89] Das Bundesverfassungsgericht leitete damit aus der Erfüllung des Rundfunkauftrags zugleich die Integrati-onsaufgabe der öffentlich-rechtlichen Rundfunkanstalten ab. Denn zur Zeit

---

86 Siehe hierzu *Kirchhof*, Der Öffentlichkeitsauftrag des öffentlichen Rundfunks als Befähigung zur Freiheit, in: Abele/Fünfgeld/Riva (Hrsg.), Werte und Wert des öffentlich-rechtlichen Rundfunks in der digitalen Zukunft, 2001, 9 (14).
87 BVerfGE 31, 314.
88 Siehe BVerfGE 31, 314 (329).
89 Siehe BVerfGE 12, 205 (245 f.); 31, 314 (329).

des zweiten Rundfunkurteils Anfang der Siebzigerjahre existierte der private Rundfunk in der Bundesrepublik noch nicht. Er entstand erst zu Beginn der Achtzigerjahre. Dementsprechend galt diese Aussage damals für den gesamten Rundfunk. Hieran anknüpfend hat das Gericht in seinem sogenannten „Lebach"-Urteil betont, dass dem Rundfunk *„für die Integration der Gemeinschaft in allen Lebensbereichen eine maßgebende Wirkung zukommt"*.[90] In der heutigen Zeit hat sich hieran nichts geändert. Denn die Aufgabe des Rundfunks ist im Kern gleich geblieben. Der Integrationsauftrag steht in einem engen Bezug zum Kulturauftrag. Mit der Integrationsfunktion geht die Aufgabe des Rundfunks einher, die demokratischen Grundwerte in den Meinungsbildungsprozess einzubringen und der Bevölkerung zu vermitteln. Die freiheitlich demokratischen Werte bilden dabei die Leitlinien, an denen entlang der Meinungsbildungsprozess stattfinden soll und die verschiedenen Meinungen und Informationen verarbeitet werden sollen. Auf diese Weise werden die Bevölkerungsgruppen zusammengeführt. Voraussetzung hierfür ist eine Kultur des Verstehens. Nur so kann man eine freiheitlich demokratische Gesellschaft schaffen beziehungsweise erhalten. Die Wertevermittlung stärkt den Zusammenhalt und wirkt einer Zersplitterung der Gesellschaft entgegen. Damit nimmt der Integrationsauftrag des Rundfunks bei zunehmender Fragmentierung der Öffentlichkeit eine ganz bedeutende Rolle ein.

In der dualen Rundfunkordnung kommt diese Aufgabe vor allem dem ÖRR zu, zum einen als Träger der Last des klassischen Rundfunkfunktionsauftrags[91] und zum anderen aufgrund seiner prinzipiellen Unabhängigkeit von Zuschauerquoten. Gerade aufgrund seiner Beitragsfinanzierung ist er vor den mit der Werbefinanzierung einhergehenden integrationshemmenden Verlockungen der Skandalisierung und der Effekthaschereien gefeit.[92] Dieser Umstand sorgt dafür, dass er seiner Funktion als Wertevermittler gerecht werden kann.

Eng verbunden mit dem Integrationsauftrag ist die Orientierungsfunktion des ÖRR. Gerade im Zeitalter der stetig steigenden Informationsflut wird es

---

90 So BVerfGE 35, 202 (222).
91 Siehe oben unter IV. 1. a).
92 Vgl. BVerfGE 103, 44 (67); 119, 181 (215, 216). Hierzu auch die Ausführungen in IV 1. b).

immer wichtiger, dass die Angebote des ÖRR als eine Quelle unabhängiger, verlässlicher und glaubwürdiger Informationen zur Verfügung stehen.[93]

d) Bestands- und Entwicklungsgarantie des ÖRR

These 7d

Dem ÖRR müssen die erforderlichen finanziellen, technischen, organisatorischen und personellen Mittel zur Verfügung gestellt werden, die er zur Erfüllung seiner Aufgaben benötigt. Dabei handelt es sich nicht um eine bloße Obliegenheit des Gesetzgebers, sondern um eine Bestands- und Entwicklungsgarantie, die er zu gewährleisten hat. Er muss dafür Sorge tragen, dass der ÖRR seine gesamten Angebote der Bevölkerung zugänglich machen kann.

Der ÖRR kann seine Aufgaben nicht erfüllen, wenn er die Bevölkerung mit seinen Inhalten nicht erreicht. Den Gesetzgeber trifft insofern eine Vorsorgepflicht, den Rundfunkanstalten die erforderlichen Mittel zur Verfügung stellen, mit denen sie ihren Auftrag in der dualen Rundfunkordnung erfüllen können. Dabei handelt es sich nicht um eine bloße Obliegenheit des Gesetzgebers, sondern um eine Bestands- und Entwicklungsgarantie, die er zu gewährleisten hat.[94] Der Inhalt der Garantie wird wiederum durch den verfassungsrechtlichen Programmauftrag bestimmt und umfasst sowohl die finanziellen als auch die technischen, organisatorischen und personellen notwendigen Voraussetzungen, um diesen vollumfänglich zu erfüllen.[95] Hierbei muss der Gesetzgeber darauf achten, dass er rechtzeitig auf eintretende Entwicklungen reagiert. Es darf keinesfalls dazu kommen, dass der ÖRR aufgrund veralteter Regelungen nicht an Entwicklungen teilnehmen kann, das letztendlich dazu führt, dass er seiner Aufgabe nicht mehr nachkommen kann und die Vielfalt im Rundfunk Schaden nimmt.[96] Dabei versteht sich

---

93 Vgl. dazu *Holznagel,* Der spezifische Funktionsauftrag des Zweiten Deutschen Fernsehens, 1999, 38.

94 So BVerfGE 78, 101 (103); 87, 181 (198); 90, 60 (90, 99); 119, 181 (218).

95 So BVerfGE 73, 118 (158); 83, 238 (299, 300); 119, 181 (218); siehe hierzu auch *Reese,* Der Funktionsauftrag des öffentlich-rechtlichen Rundfunks vor dem Hintergrund der Digitalisierung, 2006, 79; *Degenhart,* in: Merten/Papier (Hrsg.), Handbuch der Grundrechte, Bd. IV, Grundrechte in Deutschland: Einzelgrundrechte I, 2011, § 105, Rn. 11.

96 Siehe BVerfGE 57, 295 (323); 73, 118 (160); 95, 163 (173); 119, 181 (217).

von selbst, dass der Gesetzgeber in diesem Zusammenhang die Vorgaben des Rundfunkverfassungsrechts einhalten muss, also insbesondere die Prinzipien des Pluralismus, der Staatsferne und der Programmautonomie zu wahren hat.[97] Das bedeutet: Solange dem ÖRR die Aufgabe zukommt, den klassischen Funktionsauftrag zu erfüllen, solange muss der Gesetzgeber garantieren, dass den Anstalten die hierfür erforderlichen Mittel zukommen.

e) Das Modell der kommunizierenden Röhren

These 7e
Der ÖRR muss unter den jeweils vorherrschenden technologischen und gesellschaftlichen Bedingungen in Unabhängigkeit sowie mit hohem Qualitätsanspruch die seinem Funktionsauftrag gemäßen Angebotsformen finden und diese weiterentwickeln. Dies gilt selbstverständlich auch in Zeiten des Cloud TV (z.B. nichtlineare Inhaltsdienste, Plattformangebote, Cloud-Dienstleistungen).

Die beschriebenen Aufträge und Funktionen beziehen sich auf den Rundfunk in seiner Gesamtheit. Hieraus ergibt sich eine Wechselwirkung zwischen den öffentlich-rechtlichen und den privaten Anbietern, insbesondere hinsichtlich der Vielfaltsicherung und des demokratisch kulturellen Auftrags. Beide Seiten können nicht losgelöst von einander agieren. Denn jede Entwicklung auf der einen Seite der Anbieter wirkt sich auf die Stellung der anderen Seite aus. Demnach darf eine Privilegierung der privaten Anbieter nur solange aufrechterhalten oder gar ausgebaut werden, wie sichergestellt ist, dass der ÖRR seinen klassischen Funktionsauftrag in vollem Umfang erfüllt beziehungsweise erfüllen kann.[98] Ebenso ist der Gesetzgeber gehalten, auf das Hinzutreten neuer Akteure, neuer Aggregatoren und veränderte Geschäftsmodelle zu reagieren.

In diesem Rahmen ist der Einschätzungs- und Gestaltungsspielraum des Gesetzgebers einzuordnen. Die Rundfunkfreiheit gibt dem Gesetzgeber das zu verwirklichende Ziel vor. Er muss dafür Sorge tragen, dass der klassische

---

97 Hierzu oben Einleitung von IV. 1.
98 So BVerfGE 73, 118, (157 ff.); 119, 181 (218); siehe hierzu *Dörr/Deicke,* Positive Vielfaltsicherung – Ein Beitrag zur Bedeutung und zukünftigen Entwicklung der Fensterprogramme für die Meinungsvielfalt in den privaten Fernsehprogrammen, 2015, 17 ff.

Rundfunkauftrag erfüllt werden kann. Damit wird sein Handlungsspielraum durch die Strukturprinzipien der Rundfunkfreiheit begrenzt. Das ist insbesondere im Verhältnis der öffentlich-rechtlichen Anstalten zum privaten Rundfunk von Bedeutung. Das Bundesverfassungsgericht hat unter den Bedingungen, dass der private Rundfunk weitgehend den Gesetzen des freien Marktes überlassen wird, einen Trend zur *„Standardisierung"* des Angebots erkannt und betont, dass der Kampf um die Aufmerksamkeit der Zuschauer *„häufig zu wirklichkeitsverzerrenden Darstellungsweisen, etwa zu der Bevorzugung des Sensationellen und zu dem Bemühen, dem Berichtsgegenstand nur das Besondere, etwa Skandalöses, zu entnehmen"* führten.[99] Diese Entwicklungen sind aber nur solange hinnehmbar, wie der ÖRR den klassischen Funktionsauftrag voll erfüllt.[100]

Es gilt daher für den Gesetzgeber, die Rahmenbedingungen so zu gestalten, dass der ÖRR seiner Verantwortung in einer digitalen Medienwelt gerecht werden kann. Dabei darf der Gesetzgeber keinesfalls neuartige Verbreitungsmöglichkeiten aus den Augen lassen. Vielmehr muss er dafür Sorge tragen, dass die Anstalten ihrem Funktionsauftrag auch unter wandelnden Bedingungen gerecht werden können.[101]

2. Europarechtliche Vorgaben

These 8
Mit dem Unionsrecht werden in die deutsche Medienordnung vor allem marktwirtschaftliche Aspekte hineingetragen. Das führt dazu, dass der Gesetzgeber einen Balanceakt zwischen den demokratiezentrierten Impulsen des deutschen Verfassungsrechts und dem wirtschaftlich geprägten Unionsrecht bewältigen muss.

Gestaltet der deutsche Gesetzgeber den Rahmen für den ÖRR, ist er nicht allein an das nationale Verfassungsrecht gebunden, sondern muss sich ebenfalls

---

99 So BVerfGE 103, 44 (67); 119, 181 (216). Siehe hierzu auch *Kirchhof,* Der Öffentlichkeitsauftrag des öffentlichen Rundfunks als Befähigung zur Freiheit, in: Abele/Fünfgeld/Riva (Hrsg.), Werte und Wert des öffentlich-rechtlichen Rundfunks in der digitalen Zukunft, 2001, 9 (10).

100 Siehe BVerfGE 73, 118 (158, 159); 83, 238 (296, 297).

101 Siehe BVerfGE 83, 238 (299); 119, 181 (218); *Reese,* Der Funktionsauftrag des öffentlich-rechtlichen Rundfunks vor dem Hintergrund der Digitalisierung, 2006, 79.

an unionsrechtliche Vorgaben halten.[102] Dabei hat er sowohl primär- als auch sekundärrechtliche Bestimmungen zu beachten.[103]

Mit dem Unionsrecht werden in die deutsche Medienordnung vor allem marktwirtschaftliche Aspekte im Sinne eines fairen Wettbewerbs hineingetragen. Das führt dazu, dass der Gesetzgeber einen Balanceakt zwischen den demokratiezentrierten Impulsen des deutschen Verfassungsrechts und dem wirtschaftlich geprägten Unionsrecht bewältigen muss.[104] Insbesondere aus den Vorschriften über staatliche Beihilfen ergeben sich konkrete Vorgaben für die Ausgestaltung des Auftrags des ÖRR. Aber auch die Regelungen in der AVMD-Richtlinie, denen der deutsche Gesetzgeber ebenfalls Rechnung tragen muss, sind stark wirtschaftlich geprägt. Diesen Bestimmungen muss der deutsche Gesetzgeber im Rahmen der Ausgestaltung des ÖRR Rechnung tragen.

Die skizzierten Regelungen bedeuten aus ökonomischer Sicht zugleich, dass solche z.B. verfassungsrechtlich vorgegebenen Aufgaben des ÖRR, die einer klassischen marktwirtschaftlichen Behandlung nicht zugänglich sind, weil ihre Eigenschaften sich für marktliche Wettbewerbsprozesse nicht eignen (z.b. Bereitstellung öffentlicher Güter), durch geeignete staatliche Gestaltungen sichergestellt werden dürfen und müssen.[105]

a) Wettbewerbs- und Beihilfenrecht

Die entscheidenden unionsrechtlichen Vorgaben für den Ausbau der positiven Rundfunkordnung und insbesondere für die Definition des öffentlich-rechtlichen Rundfunkauftrags fließen aus den unionsrechtlichen Wettbewerbsregeln. Die zentrale Rolle spielen in diesem Zusammenhang die Vorschriften über staatliche Beihilfen des Vertrages über die Arbeitsweise der Europäischen Union (AEUV).[106]

---

102 Siehe hierzu einführend *Fink/Cole/Keber*, Europäisches und Internationales Medienrecht, 2008, Rn. 2, 7 ff.

103 Siehe hierzu *Holznagel/Dörr/Hildebrand*, Elektronische Medien, 2008, 144 ff.

104 Siehe zu diesem Spannungsverhältnis *Neuhoff*, Rechtsprobleme der Ausgestaltung des Auftrags des öffentlich-rechtlichen Rundfunks im Online-Bereich, 2013, 55 (56).

105 Siehe dazu unten V. 2.

106 Abl. EU vom 26.10.2012, C 326/47.

Nach Art. 107 Abs. 1 AEUV sind staatliche Beihilfen gleich welcher Art, wenn sie den europäischen Wettbewerb verzerren, grundsätzlich unzulässig. Der Begriff der Beihilfe ist unionsrechtsautonom auszulegen. Danach liegt eine Beihilfe im Sinne des Art. 107 Abs. 1 AEUV vor, wenn es sich um eine staatliche Maßnahme oder eine Maßnahme unter Inanspruchnahme staatlicher Mittel handelt, die geeignet ist, den Handel zwischen Mitgliedstaaten zu beeinträchtigen, dem Begünstigten durch sie ein Vorteil gewährt wird und sie den Wettbewerb verfälscht oder droht zu verfälschen.[107] Über die Einhaltung der Beihilferegeln wacht gemäß Art. 108 AEUV die Kommission.

Zu Beginn des neuen Jahrtausends spitzte sich der Streit bezogen auf den ÖRR in Deutschland darüber zu, ob es sich bei der damaligen Rundfunkgebühr (heute: Rundfunkbeitrag) um eine verbotene staatliche Beihilfe handelte.[108] Dabei vertrat die Kommission die Auffassung, dass die Rundfunkgebühr eine Beihilfe im Sinne des Art. 107 AEUV (damals Art. 87 EGV) darstelle. Diese könne aber unter gewissen Umständen gemäß Art. 107 Abs. 3 d) AEUV beziehungsweise gemäß Art. 106 Abs. 2 AEUV (damals Art. 86 Abs. 2 EGV) zulässig sein.[109] Die Bundesrepublik Deutschland vertrat damals den Standpunkt, dass es sich bei der Finanzierung des ÖRR um keine Beihilfe handele.[110]

Im Wesentlichen gingen die Meinungen darüber auseinander, ob zum einen die damalige Ausgestaltung der Rundfunkfinanzierung in Verbindung mit der Beauftragung des ÖRR den Kriterien der Altmark-Trans-Entscheidung

---

107 So EuGH Rs. C-280/00, Slg. 2003, S. I-7747, Rn. 75 – Altmark Trans; siehe zum Beihilfenbegriff *von Wallenberg/Schütte*, in: Grabitz/Hilf/Nettesheim (Hrsg.), Das Recht der Europäischen Union, 56. Erg. 2015, AEUV, Art. 107 Rn. 24 ff. und *Mederer*, in: von der Groeben/Schwarze/Hatje (Hrsg.), Europäisches Unionsrecht, 7. Aufl. 2015, AEUV, Vorbm. Art. 107 bis 109 Rn. 4 ff. jeweils m.w.N.

108 Siehe zur unionsrechtlichen Einordnung der Rundfunkgebühr *von Wallenberg/Schütte*, in: Grabitz/Hilf/Nettesheim (Hrsg.), Das Recht der Europäischen Union, 56. Erg. 2015, AEUV, Art. 107 Rn. 104 ff. und zur Überführung in den Rundfunkbeitrag *Wagner*, Abkehr von der geräteabhängigen Rundfunkgebühr, 2011, 234 ff.

109 Siehe Kommission, Entscheidung vom 24.04.2007, E 3/2005, KOM (2007) 1761 endg. Rn. 74 ff., 141 ff.

110 Siehe *dies.*, Entscheidung vom 24.04.2007, E 3/2005, KOM (2007) 1761 endg. Rn. 73, 81 ff.

des EuGH[111] gerecht wurde und so schon keine Beihilfe darstellte und zum anderen, falls diese Kriterien nicht erfüllt sein sollten, ob die Finanzierung nach Art. 106 Abs. 2 AEUV zulässig sei. Neben der Ausgestaltung des Finanzierungsverfahrens und der Rolle der Kommission zur Ermittlung des Finanzbedarfs der Rundfunkanstalten (KEF) kam vor allem der Frage danach entscheidende Bedeutung zu, ob der Auftrag des ÖRR hinreichend klar definiert und die Beauftragung zur Erfüllung bestimmter Aufgaben verpflichtend sei. Allerdings fand der Streit nie den Weg vor die europäischen Gerichte, sondern endete mit einer Zusage der Bundesrepublik, die gesetzlichen Grundlagen für den ÖRR und den Rundfunkbeitrag entsprechend der Ansicht der Kommission anzupassen.[112] Daraufhin stellte die Kommission das Verfahren unter Auflagen ein.[113]

Bei der Zusage der Bundesrepublik handelt es sich um ein in der Verfahrensverordnung zu bestehenden Beihilfen[114] festgelegtes Mittel.[115] Mit dieser Zustimmung verpflichtete sich die Bundesrepublik, die von der Kommission vorgeschlagenen zweckdienlichen Maßnahmen fristgemäß umzusetzen.[116] Die Zustimmung ist nach Art. 23 Abs. 1 Satz 2 BVVO bindend und war

---

111 EuGH Rs. C-280/00, Slg. 2003, S. I-774, siehe dort die Kriterien Rn. 89 ff.

112 Siehe zum Verfahren Kommission, Entscheidung vom 24.04.2007, E 3/2005, KOM (2007) 1761 endg. Rn. 67 ff.; *Holznagel/Dörr/Hildebrand*, Elektronische Medien, 2008, 158 ff.; *Hain*, Die zeitlichen und inhaltlichen Einschränkungen der Telemedienangebote von ARD, ZDF und Deutschlandradio nach dem 12. RÄndStV, 2009, 13 ff.

113 Siehe Kommission, Entscheidung vom 24.04.2007, E 3/2005, KOM (2007) 1761 endg. S. 1 und Rn. 398.

114 Verordnung Nr. 659/1999 des Rates vom 22.03.1999 über besondere Vorschriften für die Anwendung von Art. 93 EGV (zwischenzeitlich Art. 88 EGV) mittlerweile aufgehoben und ersetzt durch Verordnung 2015/1589 des Rates vom 13.07.2015 über besondere Vorschriften für die Anwendung von Art. 108 AEUV, Abl. EU vom 24.09.2015, L 248/9; im nachfolgenden BVVO.

115 Die damals geltende BVVO wurde mittlerweile aufgehoben und durch eine neue Fassung ersetzt. Allerdings wurden mit der Neufassung die Regelungen zum Verfahren bei bestehenden Beihilfen inhaltlich im Vergleich zur alten Fassung der BVVO nicht verändert.

116 Hierzu *Köster*, in: Montag/Säcker, Münchener Kommentar zum Europäischen und Deutschen Wettbewerbsrecht (Kartellrecht), Band 3, Teil 2, H. VO (EG) Nr. 659/1999, Art. 19, Rn. 1.

Voraussetzung für die Kommission, das Verfahren einzustellen.[117] Die Zusage wurde von Deutschland mit dem 12. Staatsvertrag zur Änderung des Rundfunkstaatsvertrages[118] umgesetzt.[119]

b) Vorgaben aus der Einstellungsentscheidung und der Rundfunkmitteilung der Kommission für die Auftragsdefinition des ÖRR

These 9

Nach Ansicht der Europäischen Kommission darf der ÖRR über den Rundfunkbeitrag nur finanziert werden, wenn sichergestellt ist, dass der ÖRR eine Leistung von gemeinwirtschaftlichem Interesse erbringt. Hierzu muss der Auftrag des ÖRR hinreichend klar definiert sein. In diesem Rahmen kommt es entscheidend darauf an, dass qualitative Kriterien, die sich an den sozialen und kulturellen Bedürfnissen jeder Gesellschaft orientieren, zur Auftragsdefinition verwendet werden. Der ÖRR darf seinen Auftrag nur in begrenztem Maße selbst definieren, die maßgeblichen Kriterien müssen gesetzlich vorgegeben werden. In jedem Fall muss eine endgültige formell staatliche Übertragung des Auftrags stattfinden.

In der Einstellungsentscheidung vom 24. April 2007 hat die Kommission unter anderem den beihilferechtlichen Rahmen für die Definition des öffentlich-rechtlichen Auftrags festgehalten. Hieraus ergeben sich folgende Vorgaben:[120]

Die Kommission erkennt – unter Hinweis auf das Amsterdamer Protokoll zum ÖRR[121] und ihrer Rundfunkmitteilung vom 15. September 2001[122] – an, dass es Sache der Mitgliedstaaten ist, den Auftrag des ÖRR zu definieren.

---

117 Siehe Kommission, Entscheidung vom 24.04.2007, E 3/2005, KOM (2007) 1761 endg. Rn. 398.

118 12. Rundfunkänderungsstaatsvertrag, BaWü. GBl. 2009, 130.

119 Hierzu *Hain*, Die zeitlichen und inhaltlichen Einschränkungen der Telemedienangebote von ARD, ZDF und Deutschlandradio nach dem 12. RÄndStV, 2009, 18 ff.

120 Siehe zu den Vorgaben der Kommission *Hahn*, Die Aufsicht des öffentlich-rechtlichen Rundfunks, 2010, S. 202 ff.; *Peters*, Öffentlich-rechtliche Online-Angebote, 2010, 21 ff.

121 Abl. EU vom 26.10.2012, C 326/312.

122 KOM, Mitteilung über die Anwendung der Vorschriften über Staatliche Beihilfen auf den öffentlich-rechtlichen Rundfunk, Abl. EG vom 15.11.2001, C 320/5; konsolidierte Fassung vom 27.10.2009, Abl. EU vom 27.10.2009, C 257/1.

Allerdings behält sie sich vor, die Definition auf offensichtliche Fehler zu überprüfen. Ein solcher liegt grundsätzlich vor, wenn der Auftrag Tätigkeiten umfasst, die nicht den demokratischen, sozialen und kulturellen Bedürfnissen jeder Gesellschaft entsprechen, beispielsweise rein kommerzielle Tätigkeiten ermöglicht.[123] Anschließend stellt sie – bezogen auf § 11 RStV a.F.[124] – fest, dass eine Definition von allgemeiner Programmtätigkeit des ÖRR grundsätzlich zulässig ist, wenn sie auf qualitativen Kriterien beruht.[125]

Das gleiche gilt für die Beauftragung mit neuen Abrufdiensten (Telemedien). Die Kommission erkennt ausdrücklich das Recht der öffentlich-rechtlichen Rundfunkanstalten an, neue Abrufdienste zu verbreiten. Allerdings muss auch der Auftrag dazu auf die demokratischen, sozialen und kulturellen Bedürfnisse der Gesellschaft bezogen sein, also einem gemeinwirtschaftlichen Interesse dienen. Damit soll gewährleistet werden, dass sich in diesem Bereich private Anbieter entwickeln können.[126] Insofern ist es grundsätzlich unbedenklich, wenn vorhandene Inhalte unter identischen oder ähnlichen Bedingungen über neue Übertragungswege verbreitet werden.[127] Dagegen ist für programmbezogene und programmbegleitende Dienste eine allgemeine Beauftragung nicht ausreichend. Die Beauftragung muss zusätzliche verbindliche Kriterien enthalten, wonach der Programmbezug eines Angebots zu ermitteln ist.[128]

Die Kommission hat mit ihrer Mitteilung vom 27. Oktober 2009[129] ihre Entscheidungspraxis hinsichtlich der Anwendung des Beihilfenrechts auf den ÖRR aufgrund der gewandelten Umstände der Mediengesellschaft kon-

---

123 Siehe Kommission, Entscheidung vom 24.04.2007, E 3/2005, KOM (2007) 1761 endg. Rn. 237–239.

124 Damals in der Form des Neunten Staatsvertrags zur Änderung rundfunkrechtlicher Staatsverträge, Nds. GVBl. 2007, 54.

125 Siehe Kommission, Entscheidung vom 24.04.2007, E 3/2005, KOM (2007) 1761 endg. Rn. 220–224.

126 Siehe Kommission, Entscheidung vom 24.04.2007, E 3/2005, KOM (2007) 1761 endg. Rn. 229–233.

127 Siehe dies., Entscheidung vom 24.04.2007, E 3/2005, KOM (2007) 1761 endg. Rn. 240.

128 Siehe dies., Entscheidung vom 24.04.2007, E 3/2005, KOM (2007) 1761 endg. Rn. 234–236.

129 Mitteilung über die Anwendung der Vorschriften über staatliche Beihilfen auf den öffentlich-rechtlichen Rundfunk, Abl. EU vom 27.10.2009, C 257/1.

solidiert. Dabei hat sie klargestellt, dass es sich ihrer Ansicht nach bei der Finanzierung des ÖRR regelmäßig um eine staatliche Beihilfe handelt, die wegen Art. 106 Abs. 2 AEUV zulässig sein kann.[130] Dazu muss der ÖRR aber von dem Mitgliedstaat mit entsprechenden Aufgaben betraut sein. Zudem hat sie erneut betont, dass sie die Definition des öffentlichen Auftrags nur auf offensichtliche Fehler überprüft, gleichwohl sollte der Auftrag so genau wie möglich beschrieben werden. In diesem Zusammenhang bietet sich die Definition des Auftrags anhand qualitativer Kriterien an. Dieser Auftrag darf auch neue audiovisuelle Dienste, einschließlich Abrufdienste umfassen, unabhängig davon wie sie verbreitet werden.[131]

Außerdem muss die Betrauung förmlich erfolgen. Dies kann sowohl unmittelbar durch Gesetz als auch durch ein auf einem Gesetz beruhenden förmlichen Verfahren erfolgen. Zudem muss eine wirksame Kontrolle sicherstellen, dass der Auftrag erfüllt wird.[132] Schließlich müssen die durch die Finanzierung des ÖRR hervorgerufenen Wettbewerbsbeeinträchtigungen oder gar -verzerrungen verhältnismäßig sein. Hierbei ist zu beachten, dass der Umfang der Finanzierung davon abhängt, ob der Auftrag zur gemeinwirtschaftlichen Dienstleistung erfüllt wird.[133] Allerdings hat die Kommission auch hervorgehoben, dass der ÖRR grundsätzlich in den Stand versetzt werden sollte, auf neue Übertragungstechniken zurückzugreifen. Um der herausragenden Bedeutung des ÖRR gerecht zu werden, dürften hierzu staatliche Beihilfen eingesetzt werden.[134] Damit hat die Kommission die Vorgaben

---

130 So Kommission, Mitteilung über die Anwendung der Vorschriften über staatliche Beihilfen auf den öffentlich-rechtlichen Rundfunk, Abl. EU vom 27.10.2009, C 257/1, Rn. 35 ff.

131 Siehe *dies.*, Mitteilung über die Anwendung der Vorschriften über staatliche Beihilfen auf den öffentlich-rechtlichen Rundfunk, Abl. EU vom 27.10.2009, C 257/1, Rn. 44–47.

132 Siehe *dies.*, Mitteilung über die Anwendung der Vorschriften über staatliche Beihilfen auf den öffentlich-rechtlichen Rundfunk, Abl. EU vom 27.10.2009, C 257/1, Rn. 50–55.

133 So *dies.*, Mitteilung über die Anwendung der Vorschriften über staatliche Beihilfen auf den öffentlich-rechtlichen Rundfunk, Abl. EU vom 27.10.2009, C 257/1, Rn. 40, 56 ff.

134 So *dies.*, Mitteilung über die Anwendung der Vorschriften über staatliche Beihilfen auf den öffentlich-rechtlichen Rundfunk, Abl. EU vom 27.10.2009, C 257/1, Rn. 81.

aus ihrer Einstellungsentscheidung vom 24. April 2007 im Grunde bestätigt und an die gesellschaftlichen und technischen Entwicklungen angepasst.

Der öffentliche Auftrag ist demnach förmlich durch einen Betrauungsakt zu übertragen. Die Dienstleistung muss entsprechend des Betrauungsakts erbracht und das Unternehmen muss auf die Einhaltung der Vorgaben von einer geeigneten Stelle überwacht werden.[135] Mit der Beauftragung muss die öffentlich-rechtliche Rundfunkanstalt verpflichtet werden, konkrete Dienste zu erbringen. Eine allgemeine Ermächtigung ist nicht ausreichend, es sei denn die Beauftragung wird nachfolgend auf Grundlage der Ermächtigung förmlich konkretisiert. Die Rundfunkanstalten dürfen ihren Auftrag aber nicht selbst definieren.[136] Dies ist die Aufgabe des Rundfunkgesetzgebers. Hingegen ist es Sache der Rundfunkanstalten, den Inhalt ihrer einzelnen Angebote zu bestimmen.[137]

c) Europarechtliche Vorgaben der AVMD-Richtlinie

Auch aus europäischen Richtlinien ergeben sich für den Ausbau der nationalen Rundfunkordnung Vorgaben. Im Mittelpunkt steht dabei die Richtlinie des Europäischen Parlaments und des Rates vom 10. März 2010 zur Koordinierung bestimmter Rechts- und Verwaltungsvorschriften der Mitgliedstaaten über die Bereitstellung audiovisueller Mediendienste[138] (AVMD-Richtlinie).[139]

Bei der AVMD-Richtlinie handelt es sich, wie sich aus Art. 4 Abs. 1 AVMD-RL und den Erwägungsgründen 11, 41 und 83 der AVMD-RL

---

135 Siehe Kommission, Entscheidung vom 24.04.2007, E 3/2005, KOM (2007) 1761 endg. Rn. 243, 244 und Mitteilung über die Anwendung der Vorschriften über Staatliche Beihilfen auf den öffentlich-rechtlichen Rundfunk, Abl. EU vom 27.10.2009, C 257/1, Rn. 50–55.

136 Siehe *dies.*, Entscheidung vom 24.04.2007, E 3/2005, KOM (2007) 1761 endg. Rn. 245–250.

137 So *dies.*, Entscheidung vom 24.04.2007, E 3/2005, KOM (2007) 1761 endg. Rn. 251.

138 Richtlinie 2010/13/EU, Abl. vom 15.04.2010, L 95/1.

139 Neben der AVMD-Richtlinie bestehen noch weitere Regelungswerke, die für den ÖRR wichtig werden können, wie beispielsweise die Vergabe- und die Transparenzrichtlinie. Siehe hierzu *Holznagel/Dörr/Hildebrand*, Elektronische Medien, 2008, 155 ff.

entnehmen lässt, um eine Mindestharmonisierung für alle audiovisuellen Mediendienste.[140] Das bedeutet, dass die Mitgliedstaaten den in der Richtlinie festgelegten Mindeststandard in ihre Rechtsordnung umsetzen müssen.[141] Mit der AVMD-Richtlinie zielt der Richtliniengeber darauf ab, einheitliche Grundvorschriften für alle audiovisuellen Dienste im europäischen Binnenmarkt festzusetzen, um Wettbewerbsverzerrungen zu verhindern, die Rechtssicherheit zu stärken, den Binnenmarkt auszubauen und für die Entwicklung eines gemeinsamen Informationsraums zu sorgen.[142] Hierbei nimmt er aber auch die Informationsfreiheit, die Meinungsvielfalt und kulturelle Aspekte in den Blick.[143]

Dementsprechend ergibt sich aus der Richtlinie ein breites Band an Vorgaben für die Ordnung der audiovisuellen Medien in Europa. In diesem Zusammenhang ist die durch die Richtlinie vorgegebene grundsätzliche Unterscheidung zwischen linearen (Fernsehprogrammangeboten) und nicht-linearen Angeboten (Abrufangeboten) bedeutend. In der Richtlinie werden für lineare und nicht-lineare audiovisuelle Angebote unterschiedliche Vorgaben festgelegt[144], wobei lineare Angebote einem detaillierteren und strengeren Regelungskonzept unterstellt werden.[145] Die Richtlinie gibt zunächst Regeln vor, die von allen audiovisuellen Mediendiensten eingehalten werden müssen. Hierzu gehören – neben wenigen grundsätzlichen Vorgaben für Anbieter audiovisueller Dienste – vor allem Regeln zur kommerziellen Kommunikation. Hieran anknüpfend finden sich für audiovisuelle Mediendienste auf Abruf noch Vorgaben zum Jugendschutz und zur Förderung europäischer Werke. Im Übrigen konzentrieren sich die Richtlinienvorgaben auf lineare audiovisuelle Angebote, also auf Fernsehprogramme.

---

140 Vgl. EuGH, Rs. C-234/12 digitale Slg. 2013, Rn. 12 – Sky Italia.
141 Vgl. EuGH, Rs. C-128/94, Slg. 1995, S. I-3389, Rn. 18 – Hönig/Stockach; Rs. C-84/94, Slg. 1996, S. I-5755, Rn. 42; siehe hierzu auch *Dreher*, in: Immenga/Mestmäcker, Wettbewerbsrecht, 5. Aufl. 2014, GWB, Vor §§ 97 ff., Rn. 133 ff.
142 Siehe Erwägungsgrund 11, Richtlinie 2010/13/EU.
143 Siehe Erwägungsgrund 5, Richtlinie 2010/13/EU.
144 Siehe zu den Definitionen Art. 1 Abs. 1 lit. e) und g) AVMD-RL.
145 Siehe hierzu auch *Holznagel/Dörr/Hildebrand*, Elektronische Medien, 2008, 152 ff.

Es bleibt den Mitgliedstaaten zwar unbenommen, strengere Vorgaben für nicht-lineare Dienste einzuführen. Allerdings darf der nationale Gesetzgeber dabei nicht das Regelungskonzept der Richtlinie aus den Angeln heben sowie gegen sonstiges Unionsrecht, insbesondere nicht gegen die Grundfreiheiten, verstoßen.[146]

Für die Zukunft ist allerdings offen, ob und inwieweit die derzeit strikte Unterscheidung zwischen linearen und nicht-linearen Diensten aufrechterhalten wird. Die Kommission hat am 25. Mai 2016 einen Vorschlag für eine Änderung der AVMD-Richtlinie vorgelegt.[147] Dieser hält zwar an der definitorischen Unterscheidung am Maßstab der Linearität fest, ebnet aber die Unterschiede im Rahmen der anzuwendenden Vorschriften in wesentlichen Teilen ein.

Dies geschieht in der Weise, dass wichtige Vorgaben, wie beispielsweise zur Produktplatzierung, für alle audiovisuellen Mediendienste gleichermaßen gelten sollen.[148] Eingeführt wird hingegen die neue Kategorie der „Videoplattformdienste".[149] Diese zeichnen sich in Abgrenzung zu den audiovisuellen Mediendiensten dadurch aus, dass sie für die im Rahmen ihrer Dienste angebotenen Inhalte keine redaktionelle Verantwortung tragen. Der Kommissionsentwurf versteht diese Anbieter wohl vor allem als technische Dienstleister – die originäre Verantwortung für die abrufbaren Inhalte bleibt also bei denjenigen, die die Inhalte einstellen. Gleichwohl werden auch den Videoplattformanbietern bestimmte Pflichten auferlegt. Hierzu gehören beispielsweise Vorgaben zur Formulierung

---

146 Vgl. EuGH, Rs. C-326/07, Slg. 2009, S. I-2291, Rn. 42 – Kommission/Italien; Rs. C-112/05, Slg. 2007, S. I-8995, Rn. 73 – Kommission/Deutschland; siehe zu diesem komplexen Feld *Grundmann*, EG-Richtlinie und nationales Privatrecht, JZ 1996, 274 (274 ff., 277) und *Habersack/Mayer*, in: Riesenhuber (Hrsg.), Europäische Methodenlehre, 3. Aufl. 2015, § 14 Rn. 1 ff. jeweils m.w.N.

147 Vorschlag für eine Richtlinie des Europäischen Parlaments und des Rates zur Änderung der Richtlinie 2010/13/EU zur Koordinierung bestimmter Rechts- und Verwaltungsvorschriften der Mitgliedstaaten über die Bereitstellung audiovisueller Mediendienste im Hinblick auf sich verändernde Marktgegebenheiten, COM (2016) 287 final vom 25.05.2016.

148 Vgl. hierzu bspw. den durch Art. 1 Abs. 13 des Kommissionsentwurfs geänderten Art. 11 der AVMD-Richtlinie.

149 Vgl. hierzu die durch Art. 1 Abs. 1 des Kommissionsentwurfs neu eingefügte Definition in Art. 1 Abs. 1 lit. aa) der AVMD-Richtlinie.

der Geschäftsbedingungen, Mechanismen, die das Anzeigen und Melden von Inhalten ermöglichen oder die Einrichtung und den Betrieb von Altersüberprüfungssystemen.[150]

3. Einfachgesetzliche Ausgestaltung

These 10

Der Gesetzgeber hat, um den verfassungsrechtlichen und den unionsrechtlichen Vorgaben gerecht zu werden, den Auftrag des ÖRR in den §§ 11 ff. RStV festgeschrieben.

Das Herzstück der positiven Rundfunkordnung stellt der Rundfunkstaatsvertrag (RStV) dar. Dort finden sich die Vorschriften über den ÖRR in den §§ 11 ff. RStV. In den §§ 11 bis 11f RStV hat der Gesetzgeber den Auftrag der öffentlich-rechtlichen Rundfunkanstalten und des Deutschlandradios[151] festgeschrieben. Mit den Beauftragungen versucht er in einer Art Balanceakt sowohl den verfassungsrechtlichen als auch den europarechtlichen Vorgaben gerecht zu werden. In diesem Zusammenhang ist zunächst von Bedeutung, dass der Gesetzgeber in § 2 Abs. 1 RStV den einfachgesetzlichen Rundfunkbegriff an die AVMD-Richtlinie anpasste. Danach sind einfachgesetzlich nur noch lineare Angebote Rundfunk, während alle nicht-linearen Angebote zu Telemedien werden.

Damit wird der einfachgesetzliche Rundfunkbegriff gegenüber dem verfassungsrechtlichen Rundfunkbegriff verengt. Denn zum verfassungsrechtlichen Rundfunkbegriff gehören auch nicht-lineare elektronische Angebote, wenn sie Meinungsbildungsrelevanz besitzen, also eine „Darbietung" enthalten. Die Verfassung kennt keine Telemedien, sondern nur Rundfunk, Presse und Film als Massenmedien sowie individuelle Meinungsäußerungen.

---

150 Vgl. hierzu die durch Art. 1 Abs. 19 des Kommissionsentwurfs neu eingefügte Bestimmung des Art. 28a der AVMD-Richtlinie.

151 Das Deutschlandradio ist eine Körperschaft des öffentlichen Rechts. Gleichwohl wird im nachfolgenden um der Verständlichkeit willen allein von öffentlich-rechtlichen Rundfunkanstalten die Rede sein. Hiervon sollen sowohl die Rundfunkanstalten als auch das Deutschlandradio erfasst sein.

Der verfassungsrechtliche Rundfunkbegriff ist also wesentlich weiter als der einfachgesetzliche.[152]

Den Auftrag des ÖRR hat der Gesetzgeber in § 11 und § 11a RStV zunächst allgemein festgeschrieben. Darin beauftragt er die Anstalten, als Medium und Faktor des Prozesses freier individueller und öffentlicher Meinungsbildung zu wirken. Er verlangt von den Anstalten, ihrer demokratischen und kulturellen Verantwortung sowie ihrem Integrationsauftrag gerecht zu werden. Im Wesentlichen beschreibt § 11 RStV den klassischen Funktionsauftrag des Rundfunks, wie ihn das Bundesverfassungsgericht dargelegt hat und knüpft zugleich mit der qualitativen Definition (Erfüllung der demokratischen, sozialen und kulturellen Bedürfnisse einer Gesellschaft) an die unionsrechtlichen Vorgaben an.

Durch § 11b RStV werden die Anstalten mit den jeweiligen linearen Fernsehprogrammen und durch § 11c RStV mit den jeweiligen linearen Hörfunkprogrammen betraut. Die §§ 11a, 11c und 11d bis 11f RStV haben die Beauftragung der Anstalten mit Online-Angeboten (Telemedien) zum Gegenstand. Dabei hat sich der Gesetzgeber als Reaktion auf die Einstellungsentscheidung der Kommission vom 24. April 2007 zu einem komplexen Vorgehen für Telemedienangebote entschieden,[153] das unter anderem in § 11f Abs. 4 RStV den sogenannten „Drei-Stufen-Test" umfasst.

Das Konzept kann in Grundzügen so beschrieben werden: Sendungen in den Programmen der öffentlich-rechtlichen Rundfunkanstalten sowie sendungsbezogene Telemedien dürfen bis zu sieben Tage ab dem Zeitpunkt der Ausstrahlung der Sendung zum Abruf angeboten werden, ohne dass es der Durchführung eines Drei-Stufen-Tests bedarf. Soll die Verweildauer eines Angebots allerdings verlängert werden, ist ein Verfahren nach § 11f RStV, also ein Drei-Stufen-Test durchzuführen. Darüber hinaus müssen nichtsendungsbezogene Telemedienangebote, unbefristete Archive sowie ausschließlich online verbreitete Hörfunkprogramme stets das Verfahren nach § 11f RStV,

---

152 Dazu eingehend *Dörr*, in: Hartstein/Ring/Kreile/Dörr/Stettner/Cole/Wagner (Hrsg.), Heidelberger Kommentar zum Rundfunkstaatsvertrag, 64. EL., 2016, B5 § 2 Rn. 8 ff. u. 17 ff.

153 Siehe hierzu *Peters*, Öffentlich-rechtliche Online-Angebote, 2010, S. 41 ff.; *Dörr*, Aktuelle Fragen des Drei-Stufen-Tests, ZUM 2009, 897 (897 ff.).

also den Drei-Stufen-Test, durchlaufen.[154] Im Ergebnis ist für alle Angebote, zu denen die Anstalten nicht schon per Gesetz beauftragt sind, das Verfahren nach § 11f RStV durchzuführen.[155]

Dabei ist aber zu beachten, dass gemäß § 11d Abs. 1 RStV überhaupt nur journalistisch-redaktionell veranlasste und journalistisch-redaktionell gestaltete Telemedien von den Anstalten angeboten werden dürfen. Zudem hat der Gesetzgeber dem ÖRR mit § 11d Abs. 2 Nr. 3 und § 11d Abs. 5 RStV in Verbindung mit einer Negativliste im Anhang zum Rundfunkstaatsvertrag, die allein siebzehn Positionen umfasst, von vornehrein Möglichkeiten verschlossen, bestimmte Telemedien anzubieten. Hieraus ergeben sich beispielweise die Verbote für den ÖRR, angekaufte Spielfilme und Fernsehserien, die keine Auftragsproduktionen sind, auf Abruf anzubieten oder nicht sendungsbezogene presseähnliche Angebote[156] zu verbreiten.[157]

Für die Telemedien, die das Verfahren des § 11f RStV zu durchlaufen haben, müssen die Anstalten zunächst die inhaltliche Ausrichtung in Telemedienkonzepten hinreichend präzisieren. Diese Konzepte, die in der Regel unterschiedliche Telemedienangebote zusammenfassen, müssen die intendierte Zielgruppe, den Inhalt, die Ausrichtung und die Verweildauer der dargestellten Angebote näher umschreiben.[158]

Den Kern des Verfahrens bildet dann eine dreistufige Prüfung.[159] Mit dieser wird ermittelt, ob das Angebot den demokratischen, sozialen und kulturellen

---

154 Vgl. *Peters*, Öffentlich-rechtliche Online-Angebote, 2010, 154 (155).

155 So *Dörr*, Aktuelle Fragen des Drei-Stufen-Tests, ZUM 2009, 897 (898).

156 Zum Begriff des presseähnlichen Angebots vgl. BGH, Urteil vom 30.04.2015 – I ZR 13/14 –, juris, Rn. 62; vgl. auch *Hain/Brings*, Eine kritische Würdigung der Entscheidung des LG Köln, Urteil vom 27.09.2012 – 31 O 360/11 – Tagesschau-App, WRP 2012, 1495 (1499).

157 Hierzu *Dörr*, in: Hartstein/Ring/Kreile/Dörr/Stettner/Cole/Wagner (Hrsg.), Heidelberger Kommentar zum Rundfunkstaatsvertrag, 64. EL., 2016, B5 § 11d, Rn. 11 ff.

158 Dazu *ders.*, in Hartstein/Ring/Kreile/Dörr/Stettner/Cole/Wagner (Hrsg.), Heidelberger Kommentar zum Rundfunkstaatsvertrag, 64. EL., 2016, B5 § 11f, Rn. 3 ff.

159 Die Einzelheiten des Verfahrens können hier nicht in voller Breite dargestellt werden, Siehe hierzu eingehend *Peters*, Öffentlich-rechtliche Online-Angebote, 2010, 41 ff.; *Neuhoff*, Rechtsprobleme der Ausgestaltung des Auftrags des öffentlich-rechtlichen Rundfunks im Online-Bereich, 2013, 239 ff.

Bedürfnissen der Gesellschaft entspricht und ob es zum publizistischen Wettbewerb beitragen wird. Zudem wird der erforderliche finanzielle Bedarf für das Angebot bemessen.[160] Dabei muss im Laufe des Verfahrens Dritten die Möglichkeit zur Stellungnahme eingeräumt werden. Das Verfahren endet entsprechend den unionsrechtlichen Vorgaben mit einer Prüfung durch die Rechtsaufsicht, und die Betrauung wird in den amtlichen Verkündungsblättern der Länder veröffentlicht.

Mit dem 19. Rundfunkänderungsstaatsvertrag hat der Gesetzgeber die Beauftragung des ÖRR verändert. Die wohl bedeutendste Änderung ist die Einführung des § 11g RStV. Mit ihm werden die in der ARD zusammengeschlossenen Landesrundfunkanstalten und das ZDF mit einem gemeinsamen Jugendangebot beauftragt. Die Länder haben hierzu den Auftrag des ÖRR zu einem Jugendangebot gesetzlich definiert. Er beläuft sich darauf, Inhalte bezogen auf die *„Lebenswirklichkeit und die Interessen junger Menschen"* anzubieten. Das Jugendangebot wird nach der herkömmlichen Terminologie sowohl Rundfunk als auch Telemedien beinhalten. Auf die Vorgaben für die Onlinepräsenz des Jugendangebots wird noch zurückzukommen sein.

---

160   Zu den einzelnen Prüfungsschritten *Eifert*, in: Hahn/Vesting (Hrsg.), Kommentar zum Rundfunkrecht, 3. Aufl. 2012, RStV § 11f Rn. 58 ff.

IV. Gültigkeit des Funktionsauftrags in Zeiten der Cloud

1. Meinungsrelevanz nicht-linearer Angebote

These 11

Auch in der nicht-linearen Welt haben die Kriterien zur Bestimmung von Relevanz für die öffentliche Meinungsbildung weiterhin Bedeutung, jedoch sind die Merkmale der Aktualität, Suggestivkraft und Breitenwirkung (Bundesverfassungsgericht) an die Bedingungen nicht-linearer Kommunikation anzupassen.

Als wesentliche Begründung für die meinungsbildende Bedeutung des Rundfunks wird, auch vom Bundesverfassungsgericht, dessen *Suggestivkraft* angesehen, also das Potenzial, das Denken, Empfinden und Handeln von Menschen gleichsam unterschwellig zu beeinflussen. Die Suggestivkraft des Rundfunks erklärt sich vor allem aus der zielgerichteten Kombination und Aufbereitung von Ton, Text und Bewegtbild für den jeweiligen Kommunikationszweck. Diese Fähigkeit zur Beeinflussung von Meinungsbildung erhält durch die *Breitenwirkung*, also das gleichzeitige Erreichen einer großen Zahl von Rezipienten, zusätzliches Gewicht. Ein weiterer Faktor ist die Fähigkeit zur Verbreitung *aktueller* Informationen, weil der Rundfunk mit Hilfe seiner Suggestivkraft sowie im Verbund mit der Breitenwirkung die Meinungsbildung über aktuelle Themen und Ereignisse in besonderer Weise prägen kann. Wegen dieser drei Eigenschaften wird dem Rundfunk eine besondere Meinungsbildungsrelevanz zugeordnet und daraus ergibt sich das Interesse des Gemeinwesens, dass Rundfunkinhalte, soweit sie für die Meinungsbildung in der demokratischen Öffentlichkeit, für kulturelles Verständnis und sozialen Zusammenhalt von Bedeutung sind, unabhängig, qualitätsvoll und objektiv erstellt und verbreitet werden sowie grundsätzlich jedermann zugänglich sind. Dieses öffentliche Gut soll der ÖRR bereitstellen.

Es stellt sich die Frage, ob und inwieweit die drei genannten Merkmale, die im Wesentlichen im Zeitalter der linearen Programmverbreitung entwickelt wurden, auch in der Welt der nicht-linearen Inhaltebereitstellung und -verteilung Bedeutung besitzen. Diese Frage ist leicht zu beantworten; denn auch und gerade in der nicht-linearen Welt des Internets spielen audiovisuelle Inhalte mit ihrer spezifischen Suggestivkraft, Aktualität (vgl. z.B. Kurznachrichtendienste) und Breitenwirkung (vgl. Verbreitung sozialer Medien, Beliebtheit von Videoplattformen usw.) eine ganz bedeutende Rolle. Im Unterschied und in Ergänzung zur linearen Programmwelt (die im Internet bzw. im Cloud TV weiterhin genutzt werden kann) kommen im nicht-linearen Bereich folgende typischen Phänomene hinzu[161]:

- ad hoc-Abruf von Inhalten nach eigenen Wünschen und unabhängig von Programmfolgen und Programmzeiten,
- verstärkte Ortsunabhängigkeit,
- rascheres Wechseln zwischen unterschiedlichen Quellen/Angeboten,
- Verkettung diverser Tools und Services im Rahmen von Such- und Rezeptionsprozessen verbunden mit evtl. Verstärker- oder Verzerrungseffekten (z.B. Einstieg über Suchmaschine – Recherche auf einem Online-Portal – Rückversicherung über ein soziales Medium – Nutzung eines spezifischen Angebots – Bewertung des Angebots auf Plattform – Signalisierung der Bewertung in sozialem Medium),
- Entstehung sog. Echo-Chamber-Effekte,[162] wenn vorwiegend mit der eigenen Peergroup z.B. in Sozialen Medien kommuniziert und negative oder positive Bewertungen verstärkend bestätigt werden,
- algorithmengestützte Inhaltepräsentation, bezogen auf die gezielte Bestimmung vorhandener Interessen und Neigungen,
- Verknüpfung praktisch aller Inhaltsangebote des Internet mit Sozialen Medien (z.B. über plug ins),
- Ausdehnung relevanter Inhaltsangebote auf Webauftritte von Kultureinrichtungen (Museen, Theater, Orchester, usw.) sowie Verknüpfung mit anderen Kulturträgern,
- verstärkt direkter Auftritt nicht-publizistischer Anbieter (z.B. Politiker, Unternehmen, Verbände, Institutionen, aber auch einzelner Bürger) ohne journalistische Zwischenaufbereitung,

---

161 Teilweise in Anlehnung an *Neuberger*, Welche Medien sind für unsere Meinungsbildung von Relevanz? in: Die Medienanstalten, Meinungsbildung und Meinungsvielfalt in Zeiten der Konvergenz, Dokumentation des Symposiums der Kommission zur Ermittlung der Konzentration im Medienbereich (KEK), 2016, 67 ff.
162 *Zuiderveen Borgesius* et al., Should we worry about filter bubbles?, Internet Policy Review 5(2016), 3.

- schwieriger werdende Trennbarkeit zwischen Fakten und Meinung, Inhalt und Werbung,
- virale, nicht-moderierte Verstärkung bestimmter Meinungen oder Ereignisse („wisdom of the crowd"),
- neue Unsicherheiten hinsichtlich Glaubwürdigkeit von Quellen und Wertungen.

Ganz offensichtlich bietet die nicht-lineare Welt des Internet vielfältige, z.T. komplex verkettete und oftmals nicht leicht bewertbare audiovisuelle Informationsmöglichkeiten mit potenziell hoher Suggestivkraft, Breitenwirkung und Aktualität. Vor diesem Hintergrund macht die Präsenz öffentlich-rechtlicher Anbieter mit ihrem spezifischen Funktionsauftrag auch in der nicht-linearen Medienwelt, deren Bedeutung beim Medienkonsum, wie oben (III.4.-6) aufgezeigt, ständig zunimmt, sehr viel Sinn. Das wird auch vom Bundesverfassungsgericht jüngst wieder unterstrichen: *„Diese (des traditionellen Fernsehens A.d.V.) Wirkungsmöglichkeiten gewinnen zusätzliches Gewicht dadurch, dass die neuen Technologien eine Vergrößerung und Ausdifferenzierung des Angebots und der Verbreitungsformen und -wege gebracht sowie neuartige programmbezogene Dienstleistungen ermöglicht haben. Die Anforderungen an die gesetzliche Ausgestaltung der Rundfunkordnung zur Sicherung der Rundfunkfreiheit im Sinne des Art. 5 Abs. 1 Satz 2 GG sind somit durch die Entwicklung von Kommunikationstechnologie und Medienmärkten nicht überholt"*[163].

Die folgende Tabelle zeigt überblicksartig die Gemeinsamkeiten und Unterschiede der linearen und der nicht linearen Medienwirkungsrelevanz und verdeutlich stichwortartig die sich verändernden Ausprägungen von Suggestivkraft, Aktualität und Breitenwirkung audiovisueller Medien. Es liegt auf der Hand, dass die aufgeführten Phänomene hohe Relevanz besitzen und Beachtung finden müssen, wenn der ÖRR seinen Funktionsauftrag hinsichtlich des demokratischen Prozesses, der kulturellen Verantwortung und der gesellschaftlichen Integration (s.o. IV.1.) in einer sich wandelnden Medienwelt wahrnimmt.

---

163 BVerfGE 136, 9 (34).

Meinungsbildungsrelevanz linearer und nicht-linearer Inhalte

	linear	nicht-linear
Suggestivkraft	Auswahl und Aufbereitung	Auswahl und Aufbereitung
	Glaubwürdigkeit durch Bewegtbild, Text und Ton	Glaubwürdigkeit durch Bewegtbild, Text und Ton
	Programmfolge	Algorithmengesteuerte Inhalteauswahl
		Personalisierung.
		Echo Chamber-Effekt
		Empfehlung durch Bezugspersonen, virale Effekte
		Möglichkeit der Mobilisierung hoher Produktionssummen, wenn globale Verbreitung kommerziell möglich
		gezielte Bedienung mit Inhalten auch kleiner Gruppen, ggf. ohne Beachtung der deutschen Gesetze
Aktualität	Zeitnahe Information und Berichterstattung, auch live-Übertragungen und Kommentierung	Zeitnahe Information und Berichterstattung, sowie Kommentierungen
	Einsatz nicht nur von stationären, sondern auch mobilen Endgeräten	Einsatz nicht nur von stationären, sondern auch mobilen Endgeräten
		Abruf unabhängig von Zeit und immer möglich.
		Push-Nachrichten und -Kommentierungen in nahe Echtzeit
Breitenwirkung	Öffentliche Kommunikation	Öffentliche Kommunikation
	Gleichzeitigkeit des Empfangs	Möglichkeit der Beeinflussung weiter Teile der Bevölkerung
	Möglichkeit der Beeinflussung weiter Teile der Bevölkerung	§ 52 Abs. 1 RStV: 10.000 Wohneinheiten/20.000 Nutzer
	§ 52 Abs. 1 RStV: 10.000 Wohneinheiten/20.000 Nutzer	Massenmediale Wirkung durch Addition von kleinen Publika
		Virale Verbreitung und Verstärkung von (Nischen) Inhalten
		globale Verbreitung und Vernetzung.
		Einsatz von Plattformen wie Facebook und YouTube, die mehrere Millionen Nutzer haben

Quelle: Selbsterstellte Tabelle

2. Ökonomische Rechtfertigung des ÖRR

These 12

Der ÖRR ist auch aus ökonomischer Sicht als angemessene Lösung für die Erfüllung seines Funktionsauftrags einzustufen. Dies galt für die alte analoge Medienwelt und gilt mindestens in gleichem Maße für die digitalisierte Medienwelt des Internet und der Plattformen.

Bei ökonomischer Betrachtung geht aus den vorangegangenen verfassungs- und europarechtlichen Erörterungen hervor, dass das ÖRR-System ein komplexes institutionelles Gefüge und damit einen regulierenden Gestaltungseingriff in die Struktur des Angebots und der Verbreitung von medial vermittelten audiovisuellen Inhalten darstellt. Die Notwendigkeit einer solchen Gestaltung wird vereinzelt, gerade im Hinblick auf die jüngsten Entwicklungen hin zu einer nicht-linearen Medien- und Internetwelt, bestritten.[164] Um die Frage der ökonomischen Einordnung und Begründbarkeit des geschilderten Konzepts des ÖRR zu beleuchten, bedarf es eines Blicks in das allgemeine *Marktgeschehen und dessen Verknüpfung mit den jeweiligen Rahmenordnungen*.[165] Dies geschieht im Folgenden schrittweise, sozusagen vom einfachen zum komplexeren Fall, um die ökonomische Besonderheit des ÖRR angemessen erfassen zu können. Ein solches differenzierendes, simplifizierende Marktvorstellungen überwindendes Vorgehen folgt der inzwischen in der ökonomischen Theorie weithin akzeptierten Erkenntnis, dass, wie Nobelpreisträger Alvin Roth es ausdrückt, die Gestaltung von Märkten „…involves a responsibility for detail, a need to deal with all of a market's complications, not just its principle features. Designers therefore cannot work only with the simple conceptual models used for theoretical insights into the general working of markets."[166]

---

164 Vgl. z.B. *Wissenschaftlicher Beirat beim Bundesministerium der Finanzen,* Öffentlich-rechtliche Medien – Aufgabe und Finanzierung, 2014, 34 f.

165 Vgl. z.B. *Picot,* Unternehmen zwischen Markt und Staat – Regulierung als Herausforderung, Schmalenbachs Zeitschrift für betriebswirtschaftliche Forschung, 2009, 655.

166 *Roth,* The Economist as an Engineer: Game Theory, Experimentation, and Computation as Tools for Design Economics, Econometrica, 2002, 1341.

a) Staatliche Regelsetzung als Funktionsbedingung von Märkten

Auf nahezu allen Märkten gibt es in der Praxis von außen vorgegebene Spielregeln, Vorgaben, Verhaltensnormen oder organisatorische Ordnungsrahmen, die das Lehrbuchbild vom völlig freien Marktgeschehen, welches die bestmögliche Verwendung der gesellschaftlichen Ressourcen im Sinne des Konsumenteninteresses gewährleisten soll, relativieren. Diese gestaltenden Eingriffe in das Marktgeschehen sind je nach inhaltlicher Eigenart des jeweiligen Teilmarktes unterschiedlich umfassend und fallen auch je nach dem umgebenden staatlichen System unterschiedlich aus.

Selbst auf so scheinbar einfachen und alltäglichen Märkten wie denen für Lebensmittel oder Kraftfahrzeuge ist *eine Reihe genereller und spezieller Regulierungen* einzuhalten, so etwa allgemeine wirtschaftsrechtliche Vorgaben (Preisangaben, Kartellrecht, Vermeidung unlauteren Wettbewerbs, usw.) wie auch spezifische Normierungen von Qualitäten und deren Ausweis (Zusammensetzung von Lebensmitteln, Schadstoffausstoß und Sicherheitseigenschaften von Autos usw.). Die erstgenannten Regeln sollen für ein faires Marktgeschehen sowie einen fairen Wettbewerb sorgen und gelten branchenübergreifend. Die zweite Gruppe ist branchenspezifisch und dient dem Erkennen und der Vermeidung möglicher negativer externer Effekte. Beide Regelungsformen sind Resultat politischer Willensbildung und Gesetz- bzw. Verordnungsgebung. Sie können je nach politischer Konstellation unterschiedlich ausfallen und sind prinzipiell veränderbar. In jedem Fall beschränken sie, sofern sie durchgesetzt werden, die Freiheit des Handelns auf Märkten. Dahinter steht die Überzeugung und Erkenntnis, dass ohne derartige Eingriffe der durch das Marktgeschehen erreichbare Nutzen für die Gesellschaft geringer wäre, als mit der Durchsetzung und Einhaltung solcher Regeln.

b) Besonderheiten bestimmter Märkte

Andere Märkte weisen aufgrund ihrer Besonderheiten zusätzliche, teils sehr spezifische und umfassende Prägungen und Ordnungsmaßnahmen durch staatlich-politische Eingriffe auf, weil bei einer schwächeren Regelung oder gar bei einem Verzicht auf Regelung sehr erhebliche und nachhaltige gesellschaftliche Nachteile befürchtet werden. Beispiele sind der Gesundheitsmarkt, der Bildungsmarkt, die Finanzmärkte und der Markt für

Altersvorsorge – um nur einige prominente Beispiele zu nennen. Überließe man diese Bereiche dem sog. freien Spiel der Marktkräfte, so wird eine massive Unterversorgung mit den entsprechenden Gütern wahrscheinlich. Die konkreten Gründe dafür sind auf den ersten Blick in der Sache sehr verschieden: Ohne Krankenversicherungspflicht kommt es zu einer im Durchschnitt schlechteren Gesundheitsversorgung und damit zu einer Vernichtung von Humankapital; ohne Schulpflicht sinken das Bildungsniveau der Gesellschaft und damit deren Entwicklungsmöglichkeiten; ohne Regulierung des Bank- und Finanzwesens sind das Vertrauen in die Währung und die Funktionsfähigkeit des Finanz- und Geldwesens nicht zu erreichen; ohne Pflicht zur Altersvorsorge steigen die von der Gesellschaft zu tragenden Altersnotlagen. Mit diesen ohne Zweifel ebenso normativ wie empirisch unterlegten Gestaltungen schafft sich eine Gesellschaft in den angesprochenen Bereichen die für ihr gedeihliches Funktionieren erforderlichen Voraussetzungen. Innerhalb der jeweiligen Ordnungsrahmen können dann die Akteure, die Anbieter und Nachfrager der jeweiligen Leistungen, ihre Dispositionen vornehmen. Die auf den ersten Blick unterschiedlichen inhaltlichen Gründe für den erheblichen Eingriff in die jeweiligen Märkte lassen sich auf den zweiten Blick verallgemeinern: Es geht um die *Vermeidung unerwünschter externer Effekte* (Gesundheit, Altersvorsorge), um die *Herstellung erwünschter externer Effekte* (Bildung, Vertrauen in Währung) und um die *Bereitstellung öffentlicher Güter* (Vertrauen, Sicherheit, Wissen), die ansonsten gar nicht oder auf wesentlich niedrigerem Niveau zustande kämen.

c) Ausgestaltung der Regelungsspielräume durch die Politik

Die konkrete Ausgestaltung derartiger Marktregelungen erhält durch die ökonomische Theorie grundlegende Orientierungen, ist aber nicht schematisch ableitbar, sondern Ergebnis politischer, wertgeladener Prozesse und kann je nach Konstellation unterschiedlich ausfallen. Die damit angestrebten öffentlichen Güter (Sicherheit, Vertrauen, Bildungsinformationen, Gesundheit) zeichnen sich typischerweise dadurch aus, dass sie von mehreren Bürgern genutzt werden können, ohne dass diese Güter sich dadurch verbrauchen (man spricht dann von *Nichttrivialität im Konsum*) und/oder dass niemand von ihrer Nutzung ausgeschlossen werden kann (man spricht dann von *Nicht-Ausschließbarkeit*). Sofern die Bestimmung dieser Güter und ihres

Versorgungsniveaus *nicht allein durch die Nachfrage, sondern auch durch politische Vorgaben bestimmt* sein kann (z.B. Schulpflicht, Versicherungspflicht), bezeichnet man sie auch als *meritorische Güter* (merit goods). Der manchmal erhobene pauschale Vorwurf[167], dass derartige staatlich geprägte Versorgungskonzepte bevormundend oder „paternalistisch" seien, weil nicht allein die individuelle Nachfrage, sondern staatlicher (in der Regel demokratisch legitimierter) Eingriff das Versorgungsniveau bestimme, geht fehl. Denn eine Gesellschaft kann sehr wohl die ansonsten aufgrund von Informations- und Motivationsunterschieden der Bürger entstehenden erheblichen Unterversorgungsprobleme etwa bei Bildung, Sicherheit oder Gesundheit und deren Konsequenzen bewerten und zu korrigieren suchen. Zudem wird auch verkannt, dass allen rechtlichen Normen etwas „Paternalistisches" anhaftet, weil sie stets mit einem gewissen Eingriff in vormals gegebene Handlungsspielräume verbunden sind. Freilich wird es stets einen politischen Wettstreit geben hinsichtlich des wünschbaren Ausmaßes staatlicher Einflussnahme und Fürsorge. Eine analytische Abgrenzung zwischen reinen öffentlichen Gütern und meritorischen Gütern gelingt in der abstrakten ökonomischen Theorie[168], ist aber in der Praxis oftmals kaum möglich. So besteht z.B. Einigkeit, dass öffentliche Sicherheit ein öffentliches Gut ist, das mit staatlicher Hilfe bereitzustellen und zu erhalten ist. Über das angestrebte Ausmaß sowie die dafür eingesetzten Methoden und Ressourcen kann es jedoch sehr unterschiedliche Auffassungen geben. Das vom Staat als Ergebnis eines politischen Prozesses verfolgte Sicherheitsziel hat dann stets auch meritorischen Charakter. Ähnliches gilt für andere Felder wie Gesundheit, Bildung oder eben auch für das mit Hilfe des ÖRR bereitzustellende und zu pflegende Gut einer meinungsvielfältigen demokratischen Öffentlichkeit.

Festzuhalten ist, dass es bei genauem Hinsehen faktisch kein Marktgeschehen ohne letztlich normativ begründete politische Regelungen gibt und dass diese staatlich-politischen Gestaltungen je nach Marktgegenstand sehr unterschiedlich ausfallen können.

---

167 Z.B. *Haucap/Kehder/Loebert*, Eine liberale Rundfunkordnung für die Zukunft – eine ökonomische Untersuchung – Ein Gutachten im Auftrag von Prometheus – Das Freiheitsinstitut gGmbH, DICE Consult, 2014, 29.
168 Z.B. *Musgrave*, Finanztheorie, 1966; *Head*, On Merit Goods, Finanzarchiv, 1966, 1.

d) Ökonomische Einordnung des ÖRR

Der ÖRR verstanden als öffentliches, Vertrauen und Glaubwürdigkeit er-
möglichendes Gut, lässt sich aus ökonomischer Sicht auch interpretieren als
ein Mittel zur Reduzierung und Überwindung von Informationsasymmetrien. Zwischen Anbietern und Nutzern von Informationen auf (Meinungs)
Märkten besteht häufig eine Differenz bzw. ein Gefälle hinsichtlich des
Wissens und der Beurteilungsfähigkeit über Qualität und Glaubwürdigkeit von verbreiteten Inhalten. Aus derartigen Informationsasymmetrien
können Funktionsmängel, Vertrauensprobleme bis hin zum Zusammen-
bruch von Märkten entstehen, weswegen sich diverse institutionelle und
organisatorische Hilfsmittel zur Verringerung und Überwindung der In-
formationsasymmetrie herausbilden[169]. In dem Maße wie der ÖRR seinem
Qualitäts- und Unabhängigkeitsauftrag überzeugend gerecht wird, kann
er als institutionalisierter Vertrauensanker im Mediengeschehen fungieren
und damit dafür sorgen, dass im Wettstreit der Ideen und Meinungen
glaubwürdige Inhalte verbreitet und zugänglich werden.

Zur ökonomischen Einordnung des ÖRR ist hervorzuheben, dass es für
den Mediensektor, insbesondere auch für den ÖRR, eine elaborierte, durch
Grundgesetz, Verfassungsrechtsprechung und Gesetze (inkl. Europarecht)
ausgestaltete normative Grundlage gibt, die bei vernünftiger Überlegung,
gerade was den verfassungsrechtlichen Auftrag zur Sicherung der Meinungsvielfalt in einer demokratischen Öffentlichkeit betrifft, nicht zur Disposition
steht. Die entsprechenden inhaltlichen Grundlagen sind im Zusammenhang
in Kapitel III. ausführlich dargelegt worden. Insofern handelt es sich beim
ÖRR um ein Lösungskonzept, welches die Bereitstellung und Pflege des öffentlichen Gutes der Meinungsvielfalt in einer demokratischen Öffentlichkeit,
der kulturellen Information und des sozialen Zusammenhalts durch Verbreitung möglichst qualitätsvoller, umfassender, unabhängiger und objektiver
Inhalte ermöglichen soll.

Für die Umsetzung dieser Zielsetzung sind grundsätzlich auch andere Lö-
sungskonzepte als die aktuelle Verfassung des ÖRR denkbar. Alternativen

---

169 Vgl. z.B. mit weiteren Literaturangaben *Stiglitz*, Volkswirtschaftslehre, 2. Aufl.
1999, 499 ff.; *Fritsch/Wein/Ewers*, Marktversagen und Wirtschaftspolitik, 7.
Aufl. 2007, 282 ff.; *Picot/Dietl/Franck/Fiedler/Royer*, Organisation – Theorie
und Praxis aus ökonomischer Sicht, 7. Aufl. 2015, 89 ff.

müssen sich freilich stets an der Wirksamkeit für die Erfüllung des Kernauftrags der Verfassung messen lassen und im Vergleich zum aktuellen System bewertet werden. Die hier und da vorgetragene Vorstellung[170], den öffentlich-rechtlichen Auftrag durch Subventionierung privater Marktakteure etwa im Wege der Ausschreibung von öffentlich-rechtlich erwünschten Inhaltsangeboten zu erfüllen, kann in diesem Kontext wenig überzeugen; Erfahrungen in vergleichbaren Feldern (Filmförderung, Forschungsförderung) oder in anderen Ländern (UK und Frankreich bei dem Versuch, durch Qualitäts- und Produktionsauflagen bei privaten Rundfunkveranstaltern Ziele der Meinungsvielfalt und kulturelle Diversität durchzusetzen)[171] verweisen auf die Schwierigkeiten bei Qualität und Unabhängigkeit der erforderlichen Entscheidungsgremien sowie auf die Risiken von Selektivität und Mitnahmeeffekten. Das öffentliche Gut der Sicherung und Pflege einer qualitätsvollen Meinungsvielfalt für eine demokratische Öffentlichkeit dürfte auf diese Weise mit der gebotenen Nachhaltigkeit, Tiefe und Breite kaum zu erlangen sein.

Da gemäß der normativen Vorgabe des öffentlich-rechtlichen Funktionsauftrags die gesamte Gesellschaft erreichbar sein muss, sind medienpolitische Konzepte, die eine Ausschließbarkeit von der Nutzung öffentlich-rechtlicher Medien etwa durch Verschlüsselungsverfahren, Subskription oder abrufbezogene Bezahlverfahren bewirken könnten,[172] nicht zielführend. *Nicht-Ausschließbarkeit* im Sinne von allgemeiner Zugänglichkeit *ist also ein notwendiges Kennzeichen jedes öffentlich-rechtlichen Lösungsansatzes und somit auch des aktuellen ÖRR.* Das Finanzierungskonzept des Rundfunkbeitrags, der bekanntlich alle Wohnungen erfasst, trägt dazu bei, dass alle Bewohner ohne zusätzliche Leistungen an allen öffentlich-rechtlichen Angeboten teilhaben können und zugleich der Staatseinfluss auf den ÖRR im Verbund mit der Rundfunkgesetzgebung minimiert wird.

Das vom ÖRR bereitgestellte Gut ist zudem prototypisch für die Eigenschaft der Nicht-Rivalität im Konsum. Denn die durch Programmausstrahlung

---

170 Z.B. Haucap/Kehder/Loebert, 2014, 37.
171 Dies ist schon früh konstatiert worden. Vgl. nur den Diskussionsstand zu den einschlägigen kanadischen Regelungen *Holznagel*, Canada, in: Hoffmann-Riem, Regulating Media, 1996, 191 (205 ff.).
172 Vgl. z.B. *Wissenschaftlicher Beirat beim Bundesministerium der Finanzen*, Öffentlich-rechtliche Medien – Aufgabe und Finanzierung, 2014, 34 f.

und/oder Datenbankabruf verbreiteten Inhalte verbrauchen sich durch die individuelle Nutzung einzelner Bürger nicht. *Damit ist die vom ÖRR erbrachte Leistung ein Paradebeispiel eines öffentlichen Gutes, weil es sowohl durch die Nicht-Ausschließbarkeit als auch durch die Nicht-Rivalität bei der Nutzung charakterisiert ist.* Die Frage, in welchem Ausmaß der ÖRR *zugleich ein meritorisches Gut* bereitstellt, kann nur werturteilsabhängig beantwortet werden. Dass der ÖRR durch Verfassung und Gesetz normativ verankert ist, steht außer Frage. In welchem Umfang der ÖRR seine Angebote im Sinne eines öffentlichen Gutes bereitzustellen hat, um dem Verfassungsauftrag der Garantie einer Grundversorgung und der Unterstützung von Meinungsvielfalt für eine demokratische Öffentlichkeit zu genügen, darüber ist letztlich politisch zu entscheiden. *Das aktuell gegebene qualitative und quantitative Angebotsvolumen des ÖRR stellt das derzeitige Ergebnis dieses politischen Entscheidungsprozesses dar.*

e) Arbeitsteilung und Wettbewerb im ÖRR

In diesem Zusammenhang ist aus ökonomischer Sicht darauf hinzuweisen, dass es gerade auch mit Blick auf die Erfüllung des Funktionsauftrags des ÖRR sinnvoll erscheint, dass es im Rahmen der öffentlich-rechtlichen Medienordnung nicht nur eine Institution (eine „Anstalt" bzw. einen öffentlich-rechtlichen Anbieter) gibt, die sich auf die Erbringung des öffentlichen Guts konzentriert. Es erscheint für den Funktionsauftrag durchaus *zielführend, dass es mehrere, teils komplementär, teils nebeneinander, teils überlappend tätige öffentlich-rechtlichen Rundfunkanbieter sind, die das öffentliche Gut in seiner gesamten Breite und Vielfalt qualitätsvoll sowie in einem gewissen produktiven publizistischen Wettbewerb bereitstellen.* Dies ist bei der Dimensionierung und Organisation des ÖRR, für die natürlich politische Ermessensspielräume bestehen, im Auge zu behalten. Freilich ist darauf zu achten, dass sich die diversen öffentlich-rechtlichen Player jeweils eng an den Funktionsauftrag halten und in Unabhängigkeit eine anregende Vielfalt und Breite der (meinungs)bildenden Inhalte anbieten.

f) ÖRR und Informationsvielfalt im Internet

Ein zentraler Auftrag des ÖRR besteht in der Sicherstellung von Meinungsvielfalt und qualitätsvoller Information. Dabei mag die Annahme zugrunde liegen, dass private Medienmärkte, insbesondere private Rundfunkmärkte, nicht ausreichend in der Lage seien, diesen Anforderungen an Vielfalt und Qualität zu genügen. Die Finanzierungsproblematik von privaten Anbietern elektronischer Medien, die weitestgehend auf die Platzierung von Werbung in ihren Angebotsstrukturen angewiesen sind, weist bereits auf mögliche Einschränkungen der inhaltlichen Vielfalt, Unabhängigkeit und Objektivität privater Rundfunkmärkte hin. Dennoch kann man die Frage stellen, ob nicht die enorme Ausweitung von Angeboten sowohl der Hörfunk- und Fernsehprogramme als auch der Inhalteportale und -plattformen des Internet eine solche Themen- und Qualitätsvielfalt erzeugt haben könnte, dass die entsprechende Aufgabe des ÖRR erheblich einzuschränken oder gar überflüssig wäre? Hierzu die folgenden Hinweise:

1. Der verfassungsrechtliche Auftrag des ÖRR ist – auch aus Sicht des Verfassungsgerichts – so zentral für das Funktionieren und die Weiterentwicklung des demokratischen Gemeinwesens, dass an eine Übertragung dieser Aufgabe an einen (wie auch immer funktionierenden) privaten Markt höchste Anforderungen zu richten wären. Es wäre also überzeugend nachzuweisen, dass der Auftrag außerhalb des ÖRR umfassend (d.h. die thematische Vielfalt unabhängig und qualitätsvoll berücksichtigend sowie für die gesamte Bevölkerung zugänglich) und nachhaltig (d.h. zukunftsoffen über lange Zeiträume) erfüllt wird. Angesichts der Funktionsprobleme und des partiellen Marktversagens auf privaten elektronischen Medien- und Onlinemärkten (Stichworte: Nichttrivialität bei der Mediennutzung, Unabhängigkeitsproblematik bei der Finanzierung) ist diese Übergabebedingung derzeit kaum zu erfüllen.

2. Zweifellos ist in der Welt der Fernseh- und Rundfunkprogramme und insbesondere auch im Internet eine sehr große und wohl auch steigende Vielzahl von Angeboten zu beobachten. Allerdings zeigen Anschauung und Erfahrung, aber auch wissenschaftliche Untersuchungen[173], dass Vielzahl nicht mit inhaltlicher und qualitativer Vielfalt gleichgesetzt werden darf. Vielmehr ist in großen Teilen des elektronischen Inhaltemarktes

---

173 *Sjurts*, Einfalt trotz Vielfalt in den Medienmärkten: Eine ökonomische Erklärung, in: Friedrichsen/Seufert: Effiziente Medienregulierung – Marktdefizite oder Regulierungsdefizite?, 2004, 71 ff.

sowie des Internet ein „more of the same" zu beobachten, und das nicht selten auf relativ niedrigem Qualitätsniveau. Das liegt vermutlich an den schwierigen Funktions- und Finanzierungsbedingungen der betreffenden Medienmärkte, auf die bereits hingewiesen wurde. Gründliche Studien[174] haben verdeutlicht, dass die zahlreichen privaten Angebote im Internet derzeit nicht in der Lage sind, Vielfaltsicherung herzustellen, zumindest nicht in solch einem Ausmaß, dass auf die Rolle des ÖRR verzichtet werden könnte. Im Gegenteil, nicht wenige Stimmen[175] beklagen eine Nivellierung und Vereinheitlichung der Online-Informationsangebote, so dass die Rolle des ÖRR mit Blick auf Vielfalt und Qualität noch wichtiger werden müsste.

3. Die Frage nach der Angebotsvielfalt ist nicht zu trennen von der An-bietervielfalt. Eine scheinbar hohe Angebotsvielzahl kann von einer relativ kleinen Zahl von Anbietern getragen sein.[176] Die Digitalisierung der Medien und insbesondere die Netz- und Plattformökonomie des Internet führen aus verschiedenen Gründen (Netzwerkeffekte, Skalen-effekte, lock-in-Effekte)[177] zu gewissen Konzentrations- und Monopo-lisierungstendenzen bei Anbietern, Verbreitern und Vermittlern von Inhalten einschließlich der sozialen Netzwerke. Diese sind zum größ-ten Teil werbefinanziert. Es bedarf keiner besonderen Phantasie sich vorzustellen, dass solche Strukturen den publizistischen Wettbewerb

---

174 *Neuberger/Lobigs,* Die Bedeutung des Internets im Rahmen der Vielfaltsiche-rung, Gutachten im Auftrag der Kommission zur Ermittlung der Konzentra-tion im Medienbereich (KEK), 2010, insbes. Teil 1.

175 *Dies.,* Die Bedeutung des Internets im Rahmen der Vielfaltsicherung, Gutach-ten im Auftrag der Kommission zur Ermittlung der Konzentration im Me-dienbereich (KEK), 2010, 61 f. und 204. *Sjurts/Malzanini,* Medienrelevante verwandte Märkte, in: Medienwirtschaft, 2007, 42.

176 Wie z.B. auch die Untersuchungen von Neuberger und Lobigs ergeben haben: *Neuberger/Lobigs,* Die Bedeutung des Internets im Rahmen der Vielfaltssicherung, Gutachten im Auftrag der Kommission zur Ermittlung der Konzentration im Medienbereich (KEK), 2010, abrufbar unter: http://www.kek-online.de/kek/information/publikation/alm-band_43.pdf (Stand: 25.04.2016).

177 Vgl. z.B. *Varian/Farrell/Shapiro,* The Economics of Information Technology. An Introduction, 2004; *Zerdick/ Picot/ Schrape et al.,* Die Internet-Ökonomie. Strategien für die digitale Wirtschaft, 2001.

nicht gerade fördern sowie die Bereitschaft verringern, positive externe Effekte des eigenen Angebots ggf. auch zu Lasten von eigenen Gewinnmöglichkeiten in den Vordergrund zu stellen. Bei der Vielfaltsicherung des ÖRR kommt es aber gerade darauf an, produktiven Meinungsstreit und unbequeme bzw. Nischenthemen, die gesellschaftlich relevant sind, lebendig zu halten und zugänglich zu machen.

g) Zusammenfassung

Zusammenfassend ist aus ökonomischer Sicht demnach der ÖRR als eine dem Verfassungsrecht entspringende und den Besonderheiten und Unvollkommenheiten elektronischer Medienmärkte entsprechende Form der unabhängigen Erbringung von gesellschaftlich gewünschten öffentlichen Gütern für demokratische Meinungsbildung, kulturelle Information und sozialen Zusammenhalt einzustufen. Dies steht im Einklang mit den Erkenntnissen ökonomischer Theorien. Selbstverständlich bestehen, wie bei der Gestaltung aller gesellschaftlichen Institutionen, im Hinblick auf die konkrete Ausgestaltung bei Finanzierung, Volumen und Organisation Spielräume, die von den dazu legitimierten politischen Institutionen im Rahmen der dafür vorgesehenen Verfahren zur weiteren Funktionsverbesserung des ÖRR genutzt werden können. Der ÖRR muss sich bei der Bereitstellung des verfassungsrechtlich gebotenen öffentlichen Gutes den Erfordernissen, die sich aus der zunehmenden nicht linearen Verbreitung von Inhalten ergeben, stellen, will er seinen Aufgaben auch in der veränderten Welt von Internet, Cloud, Plattformen und Nutzerverhalten nachkommen.

3. Gestaltung des Public Service in einer nicht-linearen Medienwelt: Der Blick nach Großbritannien

These 13

Vor diesem Hintergrund sind konkretisierende Überlegungen zur aktuellen Weiterentwicklung des ÖRR anzustellen, die die Erfüllung des öffentlich-rechtlichen Funktionsauftrags in der Breite sicherstellen und den veränderten und sich weiter rasch wandelnden Bedingungen von Medientechnik, Kommunikation und Vernetzung gerecht werden können. Dabei sollen nach Möglichkeit auch anderweitige Erfahrungen ausgewertet werden (insbesondere BBC in UK).

a) Veränderung des Nutzungsverhaltens

Die in den vorangegangenen Abschnitten aufgezeigten Entwicklungen der Medien-, insbesondere der Fernsehwelt einerseits und der weiterhin gültige gesellschaftliche Funktionsauftrag des ÖRR andererseits machen es notwendig, den erforderlichen Bedarf an Anpassung und Weiterentwicklung des ÖRR abzustecken, um dessen Funktionserfüllung auch für die Zukunft sichern zu können. Dafür ist es hilfreich, einen Blick in solche Gesellschaften zu werfen, die bereits die digitalisierungsbedingte Weiterentwicklung ihres öffentlich-rechtlichen Rundfunksystems vorangetrieben haben. Natürlich lassen sich derartige benachbarte Erfahrungen wegen der länderspezifischen Rahmenbedingungen nicht eins zu eins für Deutschland übernehmen. Jedoch können daraus wichtige Anregungen für die hiesige Fortentwicklung resultieren. Wir wählen als ein sehr interessantes Vergleichsland das Vereinigte Königreich (UK) und betrachten die dort sich abzeichnenden Veränderungen der audiovisuellen Medienwelt und deren Implikationen für den britischen ÖRR, also die BBC.

Dabei wird nicht verkannt, dass auch in anderen Ländern intensive Diskussionen und Gestaltungsvorschläge zur Rolle von ÖRR und Public Service unter den Bedingungen einer sich rasch wandelnden Medienwelt zu beobachten sind. Z.B. hat die Eidgenössische Medienkommission (EMEK) jüngst für die Schweiz ein differenziertes und anregendes Diskussionspapier vorgelegt, welches deutliche Aussagen zu Notwendigkeit und Gestaltung von Public Service Angeboten im Zeitalter von Digitalisierung und Nichtlinearität enthält.[178] Wegen des noch unabgeschlossenen Erörterungsstandes verzichten wir an dieser Stelle auf eine genauere Analyse dieses interessanten Papiers und konzentrieren uns auf den in mancherlei Hinsicht für Deutschland noch relevanteren Diskussionsstand im Vereinigten Königsreich.

Das britische Mediensystem hat in Deutschland schon immer Leitbildaufgaben wahrgenommen. Der deutsche ÖRR ist nach dem Vorbild der BBC gegründet worden. Die Aufsicht über den privaten Rundfunk ist den

---

178 *Eidgenössische Medienkommission (EMEK)*, Service-public-Medien in der Schweiz – Diskussionbeiträge und Gestaltungsvorschläge, abrufbar unter: http://www.emek.admin.ch/fileadmin/dateien/dokumentation/Service_public/D_EMEK_Beitrag_zum_Service_public_2015-Dezember.pdf (Stand: 25.04.2016).

angloamerikanischen Regulierungsstrukturen nachgebildet worden. Ein Blick nach Großbritannien lohnt heute auch deshalb, weil die Digitalisierung der Medien dort weit fortgeschritten ist. 97 % der britischen Haushalte empfangen 2014 digitales Fernsehen.[179] 80 % verfügen über einen Breitbandanschluss.[180] Über ein Viertel davon ist zudem „superschnell" (ultra fast).[181] Deutschland weist demgegenüber gewisse Rückstände auf. Digitales Fernsehen ist in 88,5 % der Haushalte verfügbar. Entsprechend hoch ist der Versorgungsgrad mit digitalen Empfangsgeräten.[182]

In Großbritannien ist es deshalb schon früh zu einer Ausdifferenzierung des audiovisuellen Diensteangebotes gekommen. So wirkte der Breitbandausbau als Katalysator für das Aufkommen kostenloser Online-catch-up-Dienste wie dem BBC „iPlayer", dem „ITV Player", „4oD" und „Demand 5".[183] Hierbei handelt es sich um nutzerfreundliche Zugriffstools auf Mediatheken, die die Zuschauer befähigen, über den Zeitpunkt der online verfügbaren audiovisuellen Inhalte selbst zu bestimmen. Das Angebot ist jeweils für einen bestimmten Zeitraum nach der Erstausstrahlung im Fernsehen verfügbar.[184]

48 % der Erwachsenen gebrauchen heute regelmäßig Catch-Up-Dienste.[185] Marktführer ist mit deutlichem Abstand der BBC iPlayer. 70 % der über 16-Jährigen nutzten diesen Dienst mindestens einmal im Monat.[186] Die Plätze 2 und 3 werden belegt vom ITV Player (34 %) sowie von 4oD

179 vgl. auch *Junklewitz*, Warum UK der Vorreiter der Digitalisierung ist, 2012, http://www.dwdl.de/britishsummer/37425/warum_uk_der_vorreiter_der_digitalisierung_ist/ (zuletzt abgerufen am 09.06.2016).
180 *Ofcom*, Public Service Content in a Connected Society, Ofcom's third review of public service broadcasting, 2014, 13.
181 *Dies.*, Public Service Content in a Connected Society, Ofcom's third review of public service broadcasting, 2014, 13.
182 Daten finden sich hierzu in: *Dies.*, Public Service Content in a Connected Society, Ofcom's third review of public service broadcasting, 2014, 13.
183 *Dies.*, Public Service Content in a Connected Society, Ofcom's third review of public service broadcasting, 2014, 14.
184 Vgl. *dies.*, Public Service Content in a Connected Society, Ofcom's third review of public service broadcasting, 2014, 25.
185 *Ofcom*, PSB Annual Report 2015, 2015, 7.
186 Vgl. *Ofcom*, Public Service Content in a Connected Society, Ofcom's third review of public service broadcasting, 2014, 25.

(33 %).[187] Zunehmend beliebter werden die Plattformen von Netflix (29 %, Platz 4), YouTube (27 %, Platz 5) und Sky (Sky TV on Demand, mit 23 % auf Platz 6). Der Nutzungsgrad dieser Videoangebote liegt damit sehr deutlich über den in Deutschland erzielten Werten, wie die folgende Tabelle zeigt.

Nutzungsvergleich nicht-linearer Video-Mediendienste UK – Deutschland

Mindestens einmal im Monat genutzte Videoportale in **UK** *Befragte: Erwachsene ab 16 Jahren*	Mindestens einmal im Monat genutzte Videoportale in **Deutschland** *Befragte: Ab 14 Jahren*
BBC iPlayer (70 %)	Videoportale (YouTube, MyVideo) (22,5 %)
ITV Player (34 %),	Mediatheken der öffentlich-rechtlichen Sendeanstalten (18,6 %)
4oD (33 %),	Mediatheken der privaten Sendeanstalten (13,6 %)
Netflix (29 %),	Amazon Prime Video (7,8 %)
YouTube (27 %),	iTunes (4,3 %)
Sky TV on Demand (23 %).	Maxdome (3,8 %)
Sky Go (15 %)	Netflix (2,7 %)

Quelle: Selbsterstellte Tabelle auf Basis von *Die Medienanstalten*, Digitalisierungsbericht 2015, 51 sowie *Ofcom*, Public Service Content in a Connected Society, Ofcom's third review of public service broadcasting, 2014, 25.

Die hohe Popularität digitaler Endgeräte und der neuen Abrufdienste im Internet führt zu einem Rückgang der durchschnittlichen Sehdauer im Fernsehen. Sie ist von 241 Minuten im Jahre 2012 auf 232 Minuten im Jahre 2013 gesunken. Im Jahre 2014 sank sie weiter auf 220 Minuten ab.[188] Der Rückgang war in allen Altersgruppen, freilich in unterschiedlichem Ausmaß, zu beobachten.[189] 2013 sah die Gruppe der 16- bis 24-Jährigen „nur" 148 Minuten am Tag fern. Ein Jahr später sank der Wert auf 138 Minuten.[190]

---

187 Vgl. *dies.*, Public Service Content in a Connected Society, Ofcom's third review of public service broadcasting, 2014, 25.
188 *Ofcom*, PSB Annual Report 2015, 2015, 14 (16).
189 *Dies.*, PSB Annual Report 2015, 2015, 16.
190 *Dies.*, PSB Annual Report 2015, 2015, 14.

Grafik 4: Average minutes of television viewing per day, all individuals, by age group: 2004–14

Source: Ofcom Communications Market Report 2015, BARB, Network, all individuals (4+). Note: a new BARB panel was introduced in 2010, as a result, pre- and post-panel change data must be compared with caution.

Quelle: *Ofcom*, PSB Annual Report 2015, 2015, 14.

In der Gruppe der 16- bis 24-Jährigen ist auch der Bezug von Nachrichten und Informationen über das Internet weit verbreitet. Er macht einen Anteil von 60 % aus,[191] während dieser in der Altersgruppe der 55-Jährigen und aufwärts lediglich 21 % beträgt. In diesen Altersgruppen verfolgen 90 % der Personen die Nachrichten über das Fernsehen.[192] Auf die 16- bis 24-Jährigen trifft dies hingegen auf lediglich 56 % zu.[193] 2014 haben immerhin schon 41 % der Erwachsenen das Internet als eine Nachrichtenquelle verwendet.[194]

b) Weiterentwicklung des Mediensystems in der Diskussion

Angesichts dieser Entwicklungen hat die Diskussion um die Ausgestaltung des britischen Mediensystems früh begonnen. Wichtige Impulse gehen hier von der britischen Aufsichtsbehörde Ofcom aus, die mit empirischen Untersuchungen und Konzeptionspapieren, für die es in Deutschland kein Vorbild

---

191   *Ofcom*, Public Service Content in a Connected Society, Ofcom's third review of public service broadcasting, 2014, 27.
192   *Dies.*, Public Service Content in a Connected Society, Ofcom's third review of public service broadcasting, 2014, 27.
193   *Dies.*, Public Service Content in a Connected Society, Ofcom's third review of public service broadcasting, 2014, 27.
194   *Ofcom*, PSB Review Statement, 3 (11).

gibt, eine Art Vorreiterrolle übernommen hat.[195] Ofcom konzentriert sich in ihren Ausführungen insbesondere auf die Erfüllung der gesetzlichen Aufgaben der zum Public Broadcasting Service zugerechneten kommerziellen Anbieter. Anders als z.B. in Deutschland wird in Großbritannien ein Teil der privaten Rundfunkveranstalter wie ITV besonderen Anforderungen an die Qualität und die heimische Herstellung von Programmen unterworfen. Sie werden daher wie die BBC als Anbieter von Public Broadcasting Service eingestuft. Fragen der Entwicklung der BBC werden demgegenüber vorrangig im Kontext der im 10-Jahresrhythmus anstehenden Erneuerung der BBC-Charter erörtert. Da die jetzige zum 31. Dezember 2016 ausläuft, besteht ein großer Druck, den Auftrag der BBC für das nächste Jahrzehnt zu formulieren. Die BBC hat im Oktober 2015 zu diesem Zweck ihr Strategiepapier „Bold, British, Creative" vorgelegt.

Flaggschiff der BBC im Online-Bereich ist der bereits erwähnte iPlayer. Er ermöglicht den zeitversetzten Zugriff auf weite Teile des linearen Fernseh- und Radioprogramms. Die mobile Erreichbarkeit wurde mit Einführung der BBC News App 2009 sichergestellt. Im iPlayer waren zunächst lineare Fernseh- und Radioinhalte online sieben Tage lang nach Ausstrahlung verfügbar. Später wurde diese Frist auf 30 Tage erhöht. Der iPlayer enthält eine Kindersicherung und eine Suchfunktion. Recht früh wurden auch Inhalte vor Ausstrahlung ins Netz gestellt. Damit wurde es möglich, ganze Serien anzuschauen. Die BBC schuf so die Voraussetzung für „binge viewing", also das „Sehgelage" mehrerer Serienfolgen, das heute auch hierzulande sehr populär geworden ist (freilich vorwiegend von privaten Anbietern ermöglicht wird). Des Weiteren besteht die Möglichkeit für den Nutzer, über den iPlayer mit der BBC in Kontakt zu treten und Kommentare abzugeben. Für die eigene Online-Plattform hat die BBC bisher keine eigenständigen Inhalte produziert.

Auf Drittplattformen wie YouTube oder Facebook ist die BBC bislang nur sehr zurückhaltend aktiv. Sie will ihre Marke nicht verwässern und Konkurrenten wie YouTube mit ihren eigenen Inhalten unterstützen. Die Videos, die dort unter dem Multichannel Network BBC zu finden sind, sind

---

195 *Ofcom*, Public Service Content in a Connected Society, Ofcom's third review of public service broadcasting, 2014; *Ofcom*, Public Service Broadcasting in the Internet Age, Ofcom's third review of public service broadcasting, 2015; *Ofcom*, PSB Annual Report 2015, 2015.

zumeist Clips, die auf lineare Sendungen der BBC hinweisen. Zum Teil hat der „kommerzielle Arm" der BBC, die BBC Worldwide, Inhalte an andere Plattformen wie z.B. HuLu lizenziert.

In ihrem Strategiepapier „Bold, British" kündigt die BBC nun einen erheblichen Ausbau ihrer Online-Aktivitäten an. Die Reformpläne erfassen sowohl die eigene Plattform als auch Drittplattformen. Für die eigene Plattform *will die BBC nun zusätzlich eigenständige, d.h. vom linearen Programm unabhängige Inhalte erstellen.* Der erste Baustein der Reform ist damit die Aufgabe des Grundsatzes der Abhängigkeit des Online-Angebots vom linearen Programm. Eigene Online-Inhalte für die BBC-Plattform sollen insbesondere in den klassischen Aufgabenfeldern der BBC erstellt werden. Für den Nachrichtenbereich soll es einen Nachrichtenticker (newsstream) geben, der mobil schnell und aktuell über politische Ereignisse berichtet (vermutlich ähnlich der kürzlich in Deutschland eingeführten BR24-App). Der BBC World Service soll ausgebaut werden, um sich im globalen Markt besser zu positionieren. In der Kategorie „Bildung" soll im Dienst IPlay den besonderen Bedürfnissen von Kindern Rechnung getragen werden. Im Bereich „Unterhaltung" verpflichtet sich die BBC, weiterhin verstärkt in unabhängige Produktionen zu investieren. Ein besonderes Anliegen ist auch die Bereitstellung von Inhalten für Wales, Irland und Schottland.

Des Weiteren will die *BBC als Plattform für die Inhalte von ausgewählten Partnern* fungieren. Auf diese Weise soll die hohe Popularität ihrer Onlinepräsenz für Dritte genutzt werden. Die Übernahme einer Plattformfunktion ist ein weiteres zentrales Prinzip der neuen BBC Strategie. Sie hofft damit, ihrer Onlinestrategie neue Impulse zu geben. Denn in jüngster Zeit drohte die BBC Nutzer an die neuen Cloud- bzw. OTT-Anbieter wie Netflix oder Hulu zu verlieren. Die Grundidee besteht darin, einen „öffentlichen Raum von UK-Inhalten" hoher Qualität zu schaffen. Im Zentrum dieser Bemühungen befindet sich der neue Dienst „Ideas", der das Beste aus Großbritannien aus den Bereichen Kunst, Kultur, Wissenschaft, Geschichte und Wissen zusammenführen und eine echte Public Service Funktion erfüllen soll. Der neue Dienst soll sich zwischen den Polen Rundfunk und Online bewegen. Partner wie die Museen, Archive, Bibliotheken u.a. sollen eingeladen werden, die BBC-Plattform zu nutzen. Denkbar ist auch, dass kommerzielle Partner Zugang zur Plattform erhalten werden. Über die Konditionen ist jedoch noch nichts bekannt. Wichtige Bausteine des neuen Dienstes sind die

Kategorien „UK Arts" und „A New Age of Wonder", wo es darum geht, die britische Kunst und Wissenschaft zu präsentieren. Insgesamt sieht sich hier die BBC als „Inhalteaggregierer", der qualitativ hoch stehende Inhalte des Landes zusammenbringt. Im gewissen Umfang will sie dabei auch kommerziell aktiv werden. Über die Geschäftsmodelle mit ihren kommerziellen Partnern ist noch nichts Näheres bekannt.

Ein weiteres zentrales Prinzip der neuen BBC-Strategie ist die Ausweitung von *Personalisierungsmaßnahmen*. Geplant ist u.a. die verstärkte Anzeige populärer Inhalte. Auch soll es möglich sein, Empfehlungen an Freunde abzugeben bzw. Inhalte zu teilen. Diese Maßnahmen will die BBC insbesondere im Hörfunk einsetzen. Denn dort haben Spotify und andere Dienste das Musikhören revolutioniert. Hier gilt es, sich auf die neuen Nutzergewohnheiten einzustellen und BBC Playlisten u.ä. zur Verfügung zu stellen. Über eine geplante Einführung von Hinweisen, die die Nutzer an neue, innovative Inhalte heranführen sollen, ist noch nichts bekannt. Eine solche Strategie legt der Gedanke des positiven Pluralismus nahe. Damit könnte der Gewohnheit im Netz entgegengewirkt werden, dass durch die derzeit vorherrschenden Empfehlungsmechanismen bestehende mehrheitliche Nutzungsgewohnheiten lediglich verstärkt werden.

Auch der *Umgang mit Drittplattformen* wurde überdacht. Die neue Strategie ist vom Grundsatz geprägt, sich dort mit BBC-Inhalten aufzustellen, wo die Nutzer ihre Dienste abrufen. Deshalb will die BBC insbesondere ihren neuen Ideas-Service auch auf YouTube und Facebook platzieren. Ein weiteres Element der Reform ist das Bestreben, für Dritte Inhalte herzustellen. Der Auftrag der BBC soll dadurch erfüllt werden, dass Dritte mit BBC-Inhalten versorgt werden. Hierdurch sollen neue Nutzer angesprochen werden. Dieser Ansatz wird vor allem *im lokalen Bereich* verfolgt. Die BBC will mit den ihr zur Verfügung stehenden Finanzmitteln ein *Netzwerk von 100 Lokalreportern* gründen. Dieses soll u.a. über die Aktivitäten der örtlichen Gebietskörperschaften und Parlamente berichten. Hierdurch soll dem Rückgang der lokalen Berichterstattung entgegengewirkt werden, die als Folge der Umsatzrückgänge der Presse eingetreten ist. Des Weiteren will die BBC ein *„Hub" für Datenjournalismus* werden. Aus der Datenbank sollen sich auf lokaler Ebene arbeitende Journalisten bedienen können.

Die folgende Tabelle fasst das Zukunftskonzept der BBC im Online-Bereich, so wie es bisher bekannt geworden ist, zusammen.

	Eigene Plattformen	Drittplattformen
	BBC Online (seit 90er-Jahre), BBC iPlayer (seit 2007)	*z.B. YouTube, Facebook, Twitter, Netflix, Hulu*

I. Lineare Inhalte

(BBC 1, BBC 2, BBC 3, BBC 4, cbbc, cBeeBies, BBC news, BBC Parliament, BBC ALBA)

Bisher	Abruf eigenen Fernsehens BBC populärste Webseite in UK Auf der Website der BBC BBC App für Mobilnutzung Insbesondere im iPlayer Erst: 7 Tage, dann 30 Tage Dauer Frühere Ausstrahlung ganzer Sendungen, um *binge viewing* zu ermöglichen Foren zu linearen Programmen oder auch Kommentierungsmöglichkeit	**Social Media bezogen auf lineare Fernsehinhalte:** Keine strategische Rolle von Social Media, aber einer Auswahl von linearen BBC-Inhalten z.B. auf YouTube und Facebook (BBC, BBC News, BBC Earth, etc.) Zumeist bloß Werbeclips für einzelne Sendungen, um nicht Konkurrenten wie YouTube zu unterstützen bzw. eigene Marken zu verwässern **Kommerzielle Lizenzierung von BBC-Inhalten:** BBC Inhalte z.T. auf Hulu zu sehen
2015-Plan für nächste Charterperiode	Aufgabe des Grundsatzes der Sendungsabhängigkeit der Onlineangebote vom linearen Programm Nutzerzahlen beginnen Konkurrenz mit OTT (Netflix etc.) zu stagnieren; verstärkte Aktivitäten im offenen Internet erforderlich Keine weitere Ausdehnung von Abruf eigenen Fernsehens (keine Verlängerung der Dauer etc.)	Offenbar kein Aufbau eines Multichannel Networks bei YouTube mit linearen Inhalten der BBC, insb. Problem, dass eigene Marke geschwächt würde

II. Offene Angebote

Bisher	Kaum neu produzierte eigene Inhalte für iPlayer etc. Keine offene Plattform für Inhalte von Partnern	Keine speziell für Social Media neu produzierte eigene Inhalte Kaum kommerzielle Produktion und Vertrieb
2015-Plan für nächste Charterperiode		Dort hingehen, wo Audience ist (neues Prinzip) → Platzierung des „Ideas Service" auch bei YouTube und Facebook
Neue eigene Produktionen	**Speziell für BBC-iPlayer etc. neu produzierte Inhalte:** • Ideas Service • New Age of Wonder • News • Neue Newsstreams (mobil): Kurze, schnelle Berichterstattung über aktuelle Ereignisse • BBC World Service ausbauen: Hierdurch soll eine Positionierung im immer bedeutsamer werdenden globalen öffentlichen Raum erfolgen • Educate • IPlay (Bildung; zugeschnitten auf Kinder) • Entertain • Unterstützung unabhängiger Produktionen von UK-Inhalten • Angebote in den regionalen Sprachen	**Speziell für Social Media:** • Ideas Service • New Age of Wonder • News

87

für Dritte		Kommerzielle Produktion und Vertrieb: Nicht geklärt
		Lokale Inhalte
		Local Data Bank: Finanzierung von 100 PBS-Reportern, um die lokale Politik abzubilden, Angebot für anderen Inhalteanbieter
		Hub für Data-Journalism

III. Offene Plattform für Inhalte von Partnern

(neues Prinzip: Agieren als Plattformbetreiber; möglich, weil BBC Angebote im Netz so populär)

	Educate: Plattform für alle PBS-Anbieter in UK: Museen, Archive etc. (public open space Konzept)
	→ „UK Arts", „A New Ago of Wonder": Präsentation der britischen Kunst und Wissenschaft
	Entertain: content aggregation to make UK content available for all, mit trusted partner (Ausgestaltung der Plattformbeziehungen noch offen, insb. Geschäftsmodelle)

IV. Neue Maßnahmen der Personalisierung (neues Prinzip)

	Verstärkte Anzeige populärer Inhalte u.a.
	Insbesondere im Radio, weil dort das Spotify-Modell die junge Altersgruppe anzieht
	BBC-Playlists zur Verfügung stellen
	Für die übrigen Angebote:
	Empfehlungen an Freunde
	Liste populärer Angebote
	Gebrauch von Sharing-Funktionen
	Keine Aussagen über Maßnahmen des positiv pluralism

Quelle: Selbsterstellte Tabelle

V. Handlungsbedarf und regulatorische Rahmenbedingungen

Legt man die Erkenntnisse zum Wandel der Medienwelt sowie die beispielhaften Erfahrungen aus dem UK zugrunde, so ergibt sich die unter V 2. dargestellte programmatische Konzeption für das öffentlich-rechtliche Fernsehen in Deutschland. Hierzu ist eine sachgerechte Weiterentwicklung des bestehenden rechtlichen Rahmens erforderlich.[196] Vorab ist auszuloten, welche verfassungs- und europarechtlichen Spielräume für eine Ausweitung bestehender Handlungsspielräume gegeben sind (1.).

1. Europa- und verfassungsrechtliche Spielräume für eine Ausweitung von Plattform- und Online-Angeboten auf Abruf durch den ÖRR

a) Unionsrechtliche Bindungen

> **These 14**
>
> Maßgeblich für die europarechtliche Beurteilung der Online-Aktivitäten des ÖRR ist die Einstellungsentscheidung der Kommission vom 24. April 2007, die den sog. Beihilfestreit zwischen der Bundesrepublik und der Europäischen Union beendet hat. Die Europäische Kommission eröffnet den für den Rundfunk zuständigen Ländern weite Spielräume, den öffentlichen Auftrag des ÖRR im Onlinebereich näher zu definieren und hierfür einen geeigneten rechtlichen Rahmen zu schaffen.

Die grundlegende Auffassung der Bundesregierung, dass die vom Auftrag umfassten Angebote des ÖRR „alle vorhandenen Übertragungswege einschließlich Internet-Fernsehen, Mobiltelefone oder andere tragbare Geräte" einschließen, ist von der Europäischen Kommission in ihrer Einstellungsentscheidung vom 24. April 2007 nicht beanstandet worden.[197] Sie hat zudem

---

196   Zu dem Reformbedarf, der durch die dritte Phase der Entwicklung des Rundfunk, die Digitalisierung, ausgelöst wurde, vgl. *Holznagel*, Der spezifische Funktionsauftrag des Zweiten Deutschen Fernsehens, 1999; *Kluth/Schulz*, Konvergenz und regulatorische Folgen. Gutachten im Auftrag der Rundfunkkommission der Länder, 2014.
197   Kommission, Entscheidung vom 24.04.2007, K (2007) 1761 endg., Rn. 325.

grundsätzlich anerkannt, dass es den Mitgliedstaaten frei stünde, „in transparenter Weise Vorgaben für die Bestimmung des gemeinwirtschaftlichen Charakters neuer Mediendienste zu entwickeln"[198]. Jedoch fordert sie die Beachtung gewisser Anforderungen ein, die aus beihilferechtlichen Gründen beachtet werden müssen. Zunächst geht es der Kommission darum, den öffentlich-rechtlichen Auftrag für Telemedien „hinreichend genau" und „klar" zu definieren.[199] Auf Basis „angemessene[r] Kriterien und Bedingungen" muss ermittelt werden können, inwiefern Telemedienangebote „den demokratischen, sozialen und kulturellen Bedürfnissen der Gesellschaft entsprechen"[200]. Die von der Bundesrepublik gemachten Zusagen wurden als ausreichend angesehen. Hierzu gehörte zunächst, dass der Auftrag des ÖRR im Bereich der Telemedien auf landesgesetzlicher Ebene zu präzisieren ist.[201] Überdies sollte die Verbreitung eines Telemedienangebotes von einer Beauftragung im Einzelfall abhängig gemacht werden. Hierfür wurde zugesagt, ein Prüfverfahren zu schaffen, in welches nicht nur die meinungsbildende Funktion des vorgesehenen Angebots, sondern auch seine Marktkonformität einbezogen wird (Drei-Stufen-Test). Die Ergebnisse dieses Prüfverfahrens sollen des Weiteren der Rechtsaufsicht der Länder unterliegen. Um den Umfang der Telemedien auf solche Angebote zu beschränken, die den „publizistischen Mehrwert" des ÖRR (z.B. Themenauswahl und Schwerpunktsetzung nach journalistischen Kriterien) wiedergeben, sieht die Kommission das Konzept, den öffentlich-rechtlichen Auftrag im Hinblick auf Telemedien grundsätzlich „auf journalistisch-redaktionelle Angebote" zu beschränken, als geeignet an. Die nähere Ausgestaltung dieses Regelungsansatzes wird der Bundesrepublik überlassen.[202]

Die Kommission äußert darüber hinausgehend Zweifel daran, bestimmte neue Medienangebote wie Spiele oder Internetchats „automatisch" als Dienstleistungen mit gemeinwirtschaftlichen Merkmalen zu qualifizieren.[203] Das von der Bundesrepublik vorgeschlagene Instrument, eine Liste

---

198 *Dies.*, Entscheidung vom 24.04.2007, K (2007) 1761 endg., Rn. 362.
199 *Dies.*, Entscheidung vom 24.04.2007, K (2007) 1761 endg., Rn. 367.
200 *Dies.*, Entscheidung vom 24.04.2007, K (2007) 1761 endg., Rn. 362.
201 *Dies.*, Entscheidung vom 24.04.2007, K (2007) 1761 endg., Rn. 327.
202 *Dies.*, Entscheidung vom 24.04.2007, K (2007) 1761 endg., Rn. 362.
203 *Dies.*, Entscheidung vom 24.04.2007, K (2007) 1761 endg., Rn. 363.

von Telemediendiensten vorzulegen, die „normalerweise" nicht unter den öffentlich-rechtlichen Auftrag fallen, wird als ausreichend angesehen, um diesen Bedenken Rechnung zu tragen. Ein solches Vorgehen erhöhe die Transparenz, verbessere die Vorhersehbarkeit für andere Teilnehmer am Markt und ermögliche eine wirksame Rechtmäßigkeitskontrolle. In diesem so gezogenen Rahmen ist der Rundfunkgesetzgeber aufgerufen, Vorgaben für die Telemediendienste des ÖRR zu schaffen.

b) Verfassungsrechtliche Vorgaben

These 15

Der ÖRR muss seinen verfassungsrechtlich vorgegebenen demokratischen und kulturellen Auftrag auch in der digitalen Medienwelt erfüllen können. Dies setzt voraus, dass er die gesamte Bevölkerung mit seinen Angeboten, gleichgültig ob sie linear oder auf Abruf zur Verfügung gestellt werden, erreichen kann. Die derzeitigen Rahmenbedingungen, denen der ÖRR bei der Verbreitung von Online-Angeboten unterworfen ist, müssen auf das sich wandelnde Nutzungsverhalten und auf die technischen Herausforderungen der Digitalisierung kontinuierlich angepasst werden.

Der aus der Rundfunkfreiheit i.S.d. Art. 5 Abs. 1 Satz 2 GG resultierende Auftrag an den Gesetzgeber, für eine insbesondere am Vielfaltsziel orientierte Medienordnung zu sorgen, umschließt Onlineangebote, soweit sie eine Relevanz für die Meinungsbildung haben. Der Rundfunkgesetzgeber hat daher in § 11a RStV klargestellt, dass zu den Angeboten des ÖRR nicht nur Hörfunk- und Fernsehprogramme, sondern auch Telemedien gehören. Dies bedeutet jedoch nicht, dass der ÖRR schrankenlos Telemedienangebote verbreiten darf. In den §§ 11d ff. RStV finden sich hierzu einzelne Vorkehrungen, die maßgeblich auf den zwischen der Bundesrepublik und der Europäischen Kommission erreichten Beihilfekompromiss zurückgehen. Zum Teil hat der Rundfunkgesetzgeber Regelung getroffen, die über die in diesem Kompromiss niedergelegten Anforderungen sogar noch hinausgehen und insofern die Handlungsspielräume des ÖRR weitergehend einschränken.[204]

---

204 *Hain,* Die zeitlichen und inhaltlichen Einschränkungen der Telemedienangebote von ARD, ZDF und Deutschlandradio nach dem 12. RÄndStV, 2009, 29; *Neu-hoff,* Rechtsprobleme der Ausgestaltung des Auftrags des öffentlich-rechtlichen

Ergänzend zum allgemeinen Auftrag des ÖRR nach § 11 Abs. 1 RStV haben Telemedienangebote die Aufgabe, allen Bevölkerungsgruppen die Teilhabe an der Informationsgesellschaft zu ermöglichen, Orientierungshilfe zu bieten sowie die technische und inhaltliche Medienkompetenz aller Generationen und von Minderheiten zu fördern (§ 11d Abs. 3 RStV). Die §§ 11d ff. RStV stellen journalistisch-redaktionell veranlasste bzw. gestaltete Onlineangebote in den Mittelpunkt, die zuvor linear ausgestrahlt wurden. Die Verweildauer der sendungsbezogenen Angebote im Netz wird strikt begrenzt.

Nichtsendungsbezogene Telemedien sind nur gestattet, wenn der Rundfunk- bzw. Fernsehrat der Anstalt mit zwei Dritteln der anwesenden Mitglieder ein Telemedienkonzept aufstellt, in dem abgeprüft wird, dass dieses Angebot dem Funktionsauftrag des ÖRR entspricht und nicht übermäßig in das Marktgeschehen eingreift. Für diesen Test enthält § 11e Abs. 3 RStV ein aufwändiges dreistufiges Prüfverfahren.

Des Weiteren enthält § 11d Abs. 5 RStV eine Reihe von Vorkehrungen, um die Wettbewerbsstellung kommerzieller Anbieter, insbesondere die Verleger, zu schützen. Unzulässig sind in den Telemedienangeboten daher Werbung und Sponsoring, Angebote von angekauften Spielfilmen und Folgen von Fernsehserien, soweit sie keine Auftragsproduktionen sind, eine flächendeckende lokale Berichterstattung sowie bestimmte Angebotsformen, die in der Negativliste aufgeführt sind. Zu den untersagten Angeboten gehören z.B. Anzeigenportale, Anzeigen oder Kleinanzeigen, Partner-, Kontakt-, Stellen- oder Tauschbörsen, Spielangebote und Fotodownloads ohne Sendebezug oder auch Foren, Chats ohne Sendebezug und redaktionelle Begleitung. Unzulässig sind schließlich nichtsendungsbezogene presseähnliche Angebote.

Der Funktionsauftrag des ÖRR wird vom Bundesverfassungsgericht als entwicklungsoffen und damit dynamisch verstanden. Der ÖRR muss seine demokratischen und kulturellen Aufgaben unter den jeweils vorgefundenen technischen, ökonomischen und gesellschaftlichen Bedingungen erfüllen können. Hierfür hat der Rundfunkgesetzgeber die notwendigen Rahmenbedingungen zu schaffen. Er ist also gerade nicht an überholte, aus einer überwiegend analog geprägten Medienwelt stammende Leitbilder und Regelungskonzepte gebunden. Vielmehr muss er den jeweiligen Ordnungsrahmen

---

Rundfunks im Online-Bereich, 2013, 83 (84) und zur 7-Tage-Frist *Hahn*, Der Online-Auftrag des öffentlich-rechtlichen Rundfunks, ZRP 2008, 217 (218).

kontinuierlich auf die Tauglichkeit zur Erreichung der verfassungsrechtlichen Ziele überprüfen. Stellt er hierbei Defizite fest, ist er zur Nachbesserung verpflichtet.

Aus verfassungsrechtlicher Sicht ist damit auch die derzeitige Regelung über die Telemedienangebote des ÖRR nicht in Stein gemeißelt. Bei der Fortentwicklung des gegenwärtigen Rechts hin zu einem digitalen Ordnungsrahmen hat er einen weiten Gestaltungsspielraum. Hierbei handelt es sich um eine Ausgestaltung der Rundfunkfreiheit i.S.v. Art. 5 Abs. 1 Satz 2 GG. Die Handlungsmöglichkeiten sind hier viel weitreichender, als wenn der Gesetzgeber zum Drittschutz (Ehr- und Jugendschutz) nach Art. 5 Abs. 2 GG tätig werden würde.

Dass der Rundfunkgesetzgeber die Notwendigkeit erkannt hat, den Rechtsrahmen des ÖRR stärker als bisher auf die digitalen Herausforderungen oder Änderungen der Nutzungserwartungen einzustellen, zeigt die Entscheidung, ein eigenständiges Jugendangebot des ÖRR zu schaffen. Das Jugendangebot soll ausschließlich im Internet verbreitet werden. Hierdurch soll der fortschreitenden Konvergenz der Medien und den Nutzungsgewohnheiten junger Menschen entsprochen werden. Es soll dazu beitragen, dass „das Gesamtangebot von ARD und ZDF zukünftig in größerem Umfang als derzeit generationsübergreifend genutzt wird."[205] Die Überprüfung der Marktkonformität des Angebots wurde zu Beginn des Gesetzgebungsverfahrens durch die Anfertigung und Diskussion eines wissenschaftlichen Gutachtens durchgeführt.[206] Die eigentliche Beauftragung des Jugendangebots erfolgte direkt durch den Gesetzgeber im Rundfunkstaatsvertrag und nicht, wie bei Telemedien sonst üblich, durch die Rundfunkanstalten nach der Durchführung des Drei-Stufen-Tests (§ 11g Abs. 1 Satz 2 RStV). Um den Auftrag des Jugendangebots sachgerecht erfüllen zu können, sind eine Reihe der herkömmlichen Anforderungen an eine Onlinepräsenz des ÖRR modifiziert worden. Im neuen § 11g RStV ermöglicht bzw. schreibt der Gesetzgeber vor,

- die Verweildauer im Netz nach der Lebenswirklichkeit und den Interessen junger Menschen festzulegen (§ 11g Abs. 4 RStV),

---

205 LT-Drs. 16/6078 Rheinland-Pfalz, 2015, 17.
206 *Goldmedia GmbH Strategy Consulting*, Gutachten zu den marktlichen Auswirkungen Junges Angebot von ARD und ZDF, 2015.

- allein für den Online-Bereich zu produzieren und ohne Bezug zu einer linearen Sendung ein Angebot im Netz zu präsentieren,[207]
- angekaufte Spielfilme und Fernsehserien für einen angemessenen Zeitraum ins Netz zu stellen (§ 11g Abs. 4 Satz 3 RStV),
- Inhalte im Jugendangebot zu präsentieren, die die Nutzer selbst zur Verfügung stellen (§ 11g Abs. 1 Satz 4 RStV),
- außerhalb des eigenen Onlineportals des Jugendangebots Inhalte zu verbreiten, soweit dies „zur Erreichung der Zielgruppe aus journalistisch-redaktionellen Gründen" geboten ist und hierbei für die Einhaltung gewisser Bedingungen wie dem Verbot, Werbung, Sponsoring oder lokale Berichterstattung zu verbreiten, Sorge getragen wird (§ 11g Abs. 5 Satz 2 RStV),
- eine zielgruppengerechte interaktive Kommunikation mit den Nutzern sowie verstetigte Möglichkeiten der Partizipation (§ 11g Abs. 2 Satz 2 RStV) sowie
- Spielangebote und Fotodownloads mit journalistisch-redaktionellem Bezug zum Jugendangebot (Negativliste zu § 11g Abs. 5 Satz 1, Nr. 14, 15 RStV).

Damit tragen die Länder dem gesellschaftlichen Wandel Rechnung und gehen einen wichtigen Schritt zu einer zeitgemäßen Beauftragung, wie sie das deutsche Verfassungsrecht verlangt und das Europarecht ermöglicht.

2. Handlungsfelder für die Weiterentwicklung des ÖRR in einer nicht-linearen Medienwelt

These 16

Um eine Funktionserfüllung unter den Bedingungen einer Cloud-Medienwelt zu gewährleisten, muss das öffentlich-rechtliche Fernsehen seine Angebote verstärkt auf die neuen technischen Möglichkeiten und Nutzungserwartungen ausrichten. Die bestehende Strategie der linearen Programmgestaltung ist zu ergänzen und sollte sich an den nachfolgenden Eckpunkten ausrichten.

Die Erwartungen der Nutzerinnen und Nutzer an ein zeitgemäßes Onlineangebot mag heute noch in erster Linie auf junge Altersgruppen

---

207 *Staatskanzlei Sachsen-Anhalt*, Das Jugendangebot von ARD und ZDF – Konzept zur Vorlage bei der Rundfunkkommission der Länder, 2015, 3.

beschränkt sein. Schon heute nimmt jedoch der Kreis der Onlineinteressierten kontinuierlich zu. Auch ist nicht zu erwarten, dass die jungen Leute ihre Mediengewohnheiten in fortgeschrittenen Lebensphasen ändern und den heutigen Alten anpassen werden. Insofern ist es angezeigt, die Telemedienbeauftragung des ÖRR im Hinblick auf alle Altersklassen zu überarbeiten. Die rechtlichen Vorgaben für die Errichtung eines onlinebasierten Jugendangebots in § 11g RStV können dabei ebenso Anregungen für eine Neukonzeption sein wie die Reformüberlegungen der BBC. Anders als die BBC in Großbritannien verfügen das ZDF oder andere Anstalten zwar nicht über einen „iPlayer", der das Angebot aller ÖRR bündelt. Gleichwohl bietet es sich an, strukturell zwischen den Aktivitäten auf der eigenen Plattform und den Aktivitäten auf Drittplattformen zu unterscheiden. Im Einzelnen ergibt sich eine Reihe von Handlungsmöglichkeiten, die keinen abschließenden Charakter aufweist:

a) Präsenz linearer Inhalte in der eigenen Plattform

These 16a

Die gegenwärtigen Rahmenbedingungen für sendungsbezogene Telemedien müssen den aktuellen Nutzungserwartungen angepasst werden. Die Vorgaben für die Verweildauer im Netz müssen daher flexibilisiert werden. Die Spielräume für die Onlineverbreitung von angekauften Serien und Folgen von Fernsehsendungen sollten erweitert werden.

Im Hinblick auf die Präsenz linearer Inhalte auf der eigenen Plattform sollte die Verweildauer des audiovisuellen Angebots nicht mehr starr festgelegt werden. Eine solche Regelung ist europarechtlich nicht gefordert und angesichts des Bedeutungsgewinns von Onlineangeboten nicht mehr zeitgemäß. Die Verweildauer sollte vielmehr flexibel auf den jeweiligen Auftrag des Dienstes abgestimmt werden. So sieht z.B. § 11g RStV vor, dass die Verweildauer der Inhalte des Jugendangebots so zu bemessen ist, dass sie die Lebenswirklichkeit und die Interessen junger Menschen abbilden und die demokratischen, sozialen und kulturellen Bedürfnisse der jeweils zur Zielgruppe gehörenden Generation erfüllen.

Es ist den Zahlern des Rundfunkbeitrags nicht zu vermitteln, warum die mit den Rundfunkbeiträgen produzierten Sendungen nicht unabhängig von dem Sendetermin der Öffentlichkeit zur Verfügung stehen sollen und weshalb der ÖRR seine Archive nicht – ähnliche wie öffentliche Bibliotheken – öffentlich zugänglich und nutzbar macht.

Derzeit können auch angekaufte Spielfilme und Folgen von Fernsehserien nicht in die eigene Plattform gestellt werden (vgl. § 11d Abs. 5 RStV). Vorteil einer solchen Regelung ist, dass ein Anreiz für Eigenproduktion besteht. Andererseits mag es häufig aus publizistischen Gründen sinnvoll sein, angekaufte Angebote ins Netz zu stellen. Es wäre vorstellbar, das grundsätzliche Verbot des Verfügbarmachens von angekauften Angeboten in Mediatheken aufzuheben, aber in Anlehnung an das BBC-Modell eine zwingende Höchstverweildauer von 30 Tagen vorzusehen. Eine solche Regelung könnte auch auf Sportsendungen erstreckt werden. Dies trägt zur Vereinheitlichung der Regelung bei. Überdies sollten Produktionen des europäischen ÖRR Eigen- und Auftragsproduktionen gleichgestellt werden. Dies wäre eine Maßnahme, um ein Mehr an „europäischer Öffentlichkeit" zu erzeugen. Für die Umsetzung dieser Vorschläge bedarf es einer Änderung des geltenden RStV.

b) Erstellung eigener Online-Inhalte für die eigene Plattform

These 16b

Inhalte im Internet werden auf und mit Hilfe von Portalen gesucht und genutzt. Online-Inhalte sollten daher vermehrt für die eigene Plattform hergestellt und dort verbreitet werden. Die Mediathek wird zu einem eigenständigen, vom linearen Programm unabhängigen Angebot ausgebaut.

Für die eigene Plattform sollten ohne weiteres und unabhängig vom linearen Sendeprogramm eigene audiovisuelle Inhalte erstellt werden können. Im Hinblick auf das Jugendangebot ist dies gar vorschrieben, um zu verhindern, dass bereits in anderen Programmen verfügbare Inhalte bloß erneut verwertet werden.[208] Für bestimmte Inhalte wie zum Beispiel die Einführung eines mobilen Newsstreams gibt es schon nach der gesetzlichen Beauftragung und dem bestehenden Telemedienkonzept Handlungsspielräume. Ein solcher Dienst ist nicht von vornherein ein presseähnliches Angebot, welches dem ÖRR nach dem Rundfunkstaatsvertrag prinzipiell untersagt ist. Sollten neue Onlineangebote für die Verbreitung der ZDF-Angebote nicht

---

208 LT-Drs. 16/6078 Rheinland-Pfalz, 2015, 20.

schon durch das bestehende Telemedienkonzept gedeckt sein, müsste für sie ein neues Telemedienkonzept erstellt und vom Fernsehrat beschlossen werden. Für neue Angebote muss dann begründet werden, dass sie den demokratischen, sozialen und kulturellen Bedürfnissen der Gesellschaft entsprechen, in qualitativer Hinsicht zum publizistischen Wettbewerb beitragen und die marktlichen Auswirkungen sowie dessen meinungsbildende Funktion angesichts bereits vorhandener Angebote berücksichtigt worden sind. In diesem Kontext wäre zu klären, ob und inwiefern öffentlich-rechtliche Produktionen mit spezifischem Zuschnitt (z.B. regionaler Bezug, besondere gesellschaftliche Gruppen) auch ausgewählten Dritten wie Gebietskörperschaften, NGOs oder anderen Verbänden mit berechtigtem Interesse zur Verfügung gestellt werden können.

These 16c

Das Vollangebot und auch Vollprogramme des ÖRR behalten wegen der integrierenden Wirkung ihre Rechtfertigung. Zu erwägen ist eine stärkere Ausrichtung auf bestimmte Genres und Gattungen.

Gesellschaftliche Integrationswirkungen wurden in der linearen Fernsehwelt vor allem durch die Verbreitung eines nach Zielgruppen, Gattungen und Genres sowie Themen und Handschriften vielfältigen, übergreifenden Vollprogramms erzielt. Dieser Ansatz kann heute noch Wertvolles leisten, jedoch nimmt seine Bedeutung ab. Die Ausdifferenzierung des Publikums ist in den letzten Jahren stark gestiegen und nimmt durch die Internetnutzung weiter an Fahrt auf. Zugleich hat sich die Vollprogramm-Konzeption im Fernsehen bereits seit den 90er Jahren verändert. Die früher in *einem* Vollprogramm realisierte Vielfalt an Zielgruppen, Genres und Themen ist zusätzlich zunehmend auf *mehrere* Kanäle im Rahmen einer Senderfamilie verteilt worden. Der Kinderkanal ebenso wie die kulturell ausgerichteten Vollprogramme von ARD und ZDF stehen dafür.

Mit Cloud TV wird diese Entwicklung einen weiteren Schub erhalten. Eine stärkere Fokussierung auf bestimmte Publika und Themenfelder erscheint im Internet angebracht. Das Jugendangebot ist ein Beispiel dafür, mit einem Zielgruppenangebot einen Beitrag zur Erfüllung des öffentlich-rechtlichen Auftrags nach § 11 RStV zu leisten. Um weiterhin Integrationseffekte zu erzielen, wären neue Telemediendienste stärker auf bestimmte Genre und

Gattungen auszurichten. Ähnlich ordnen sich im prinzipiell unendlichen Internet im Grunde z.B. auch Multichannel-Networks, die Beauty-, Lifestyle- oder Reisekanäle online verbreiten, oder Streamingdienste, die ihr Angebot nach Genres unterteilen. Für ein Angebot des ÖRR müsste aber im Einzelfall nachgewiesen werden, dass es für die Erfüllung des öffentlich-rechtlichen Auftrags erforderlich ist. In dem Zusammenhang ist insbesondere an dem Gebot der informationellen Grundversorgung, dem Kultur- und Integrationsauftrag, der Sicherung der Meinungsvielfalt sowie an der Abdeckung der Nutzerbedürfnisse mit der informierenden, orientierenden und unterhaltenden Funktion öffentlich-rechtlicher Programme anzuknüpfen.

Der Vollprogramm-Status eines Bewegtbildanbieters in Zeiten von Cloud TV prägt sich in der Angebots-Charakteristik des Programm-Vollsortimenters aus. Dafür ist kennzeichnend, dass seine Formate, Kanäle und Portale sich an alle relevanten demografischen Zielgruppen richten, die Basis-Gattungen und Genres, Nachrichten und Magazine, Talk, Dokumentation und Reportage, Fiktion, Unterhaltung, Kinderprogramm sowie Ereignis-, Sport- und Kultur-Übertragungen umfassen. Damit schaffen sie die Grundvoraussetzung für eine vielfältige Einlösung der informationellen Grundversorgung, des Kultur- und Integrationsauftrags sowie der Sicherung der Meinungsvielfalt. Hierfür konkrete Anteile der einzelnen Gattungen und Genres vorzuschreiben, würde die Dynamik der gesellschaftlichen und kulturellen Entwicklung verfehlen. Das Prinzip einer dem Voll-Sortiment angemessenen Programm-Mischung ist als ein spezifisches Positionierungselement öffentlich-rechtlicher Angebote aber auch in Zeiten des Cloud TV sinnvoll.

c) Präsenz eigener Inhalte auf Drittplattformen

These 16d

Um die Verbreitung und Auffindbarkeit öffentlich-rechtlicher Inhalte zu verbessern, sollte eine intensivierte Präsenz auf Drittplattformen ermöglicht werden. Dabei auftretende Fragen – etwa der Verknüpfung mit Werbung auf Drittplattformen – bedürfen einer Regelung.

Gegenwärtig werden Drittplattformen wie YouTube oder Facebook noch nicht konsequent genug strategisch für eigene Inhalte genutzt. Die dort derzeit zu findenden Videos des ÖRR dienen vor allem dazu, für die eigenen linearen Angebote zu werben. Diese Positionierung sollte erweitert werden, um alle Drittplattformen nutzende Altersklassen, vor allem derzeit die jüngeren, mit den Inhalten des ÖRR auch unabhängig vom linearen Programm ansprechen und z.B. auf die Plattformen des ÖRR führen zu können. Der ÖRR muss sich dahin bewegen, wo sich die Zuschauerschaft aufhält, um seinem Auftrag, die gesamte Bevölkerung zu erreichen, gerecht zu werden.

Wichtige Prämisse für die *Präsenz* eigener Inhalte auf Drittplattformen bleibt aber, dass die Entscheidung darüber, welche Inhalte auf der jeweiligen Drittplattform verbreitet werden, allein beim ÖRR liegt. Hier ist vor allem der Gesetzgeber gefordert, da die Bedingungen im Wesentlichen von den Betreibern der Drittplattformen aufgestellt werden und der ÖRR hierauf keine Einflussmöglichkeiten hat. In diesem Zusammenhang ist daher eine Privilegierung der Angebote des ÖRR zu erwägen. Beim Jugendangebot, das auch eine Präsenz eigener Inhalte auf Drittplattformen vorsieht, wird folgendermaßen vorgegangen (§ 11g Abs. 5 Satz 2 RStV): Vor ihrer Verbreitung sollen sich ARD und ZDF im Verhandlungswege dafür einsetzen, dass die bestehenden Vorgaben eingehalten werden. Soweit eine Durchsetzung ihrer Positionen bei international agierenden Betreibern nicht gelingt, belässt die einschlägige Vorschrift aber Entscheidungsspielraum. ARD und ZDF werden verpflichtet, Richtlinien zu schaffen, um Klarheit über die Inanspruchnahme von Drittplattformen zu schaffen.[209] Inwiefern ein solches Konzept in der Praxis eine hinreichende Wirkungskraft entfaltet, bleibt abzuwarten. Aus den Erfahrungen kann jedenfalls für weitere Reformbestrebungen gelernt werden.

Derzeit können Inhalte nur unter engen Voraussetzungen *ausschließlich für Drittplattformen* produziert werden. Im Wesentlichen beschränkt sich dies auf Trailer und andere Formen der Hinweise auf die Sendungen und Angebote des ZDF. Für eine spürbare Erweiterung des Handlungsrahmens wäre das Telemedienkonzept zu ändern.

---

209 LT-Drs. 16/6078 Rheinland-Pfalz, 2015, 21.

d) Vernetzung der eigenen Plattform mit Angeboten Dritter

These 17

In Zeiten des Cloud TV wird die Übernahme von Plattformfunktionen immer wichtiger. Auf einer Plattform werden eigene und ausgewählte Inhalte Dritter vernetzt oder gar gebündelt, um den Nutzerinnen und Nutzern die Auswahl und Orientierung zu erleichtern. Die Webportale des ÖRR können verstärkt dazu genutzt werden, eine solche Plattformfunktion insbesondere für die Angebote anderer Kultur- oder Wissenschaftseinrichtungen wahrzunehmen.

Es wird immer wieder vorgetragen, dass die Angebote des ÖRR mit anderen, für den politischen und kulturellen Diskurs wichtigen Angeboten wie die von Museen oder Wissenschafts- und Kultureinrichtungen zusammengeführt werden sollten. Stichwort für diese Debatte ist der Wunsch, einen nationalen öffentlichen Kommunikationsraum, einen Public Open Space, herzustellen. Auf diese Weise könnten diese Inhalte für die Zielgruppen des ÖRR leichter auffindbar sein und auch in journalistisch-redaktionell neuer Weise aufbereitet werden. Die kulturelle Verantwortung des ÖRR (siehe oben III.1.b) legt so etwas in der veränderten Medienwelt durchaus nahe. Darüber hinaus lassen sich mit einem solchen Vorgehen wertvolle Integrationseffekte erzielen. Allerdings muss ein klar definierter Auftrag bestehen, die Finanzierung geklärt werden und die redaktionelle Verantwortung beim ÖRR liegen.

Ein solcher Ansatz wird auch beim Jugendangebot verfolgt. Dort sieht § 11g Abs. 3 RStV vor, dass das Angebot mit anderen Angeboten von ARD und ZDF „inhaltlich und technisch vernetzt" wird. Die Gesetzesbegründung betont hier zu Recht, dass sich bereits durch eine solche inhaltliche Zusammenführung ein publizistischer Mehrwert einstellen kann.

Eine gesonderte Ermächtigung für die Vernetzung mit anderen Angeboten oder deren Bündelung ist gegenwärtig im RStV nicht explizit vorgesehen. Vielmehr sind die Aktivitäten des ÖRR allein auf journalistisch-redaktionell veranlasste und journalistisch-redaktionell gestaltete Telemedien (§ 11d Abs. 1 RStV) bezogen. In diesem Rahmen ist es aber auch möglich, eine verstärkte Zusammenführung der Inhalte des ÖRR mit denen anderer Kultur- und Wissenschaftsträger zu betreiben. Die rechtliche Beurteilung hängt hier von den Umständen des Einzelfalls ab. Daher ist eine gesetzliche Klarstellung erforderlich, um darüber hinausgehende Projekte der Inhaltsvernetzung und -bündelung zu realisieren und den Aufgabenkreis in diese Richtung zu erweitern. Ergänzend ist darauf hinzuweisen, dass ein solches Vorgehen auch die kulturelle Archivfunktion sowie den Open Access öffentlicher Inhalte wesentlich stärken würde.

e) Erweiterte Partizipation und neue Möglichkeiten der Integration

---

These 18

Der ÖRR sollte die neuen Möglichkeiten der Partizipation nutzen dürfen, die das Internet z.B. durch Kommentar- oder Empfehlungstools oder auch die Präsentation nutzerproduzierter Inhalte eröffnet. Die neuen Möglichkeiten des Internet können so wirkungsvoll eingesetzt werden, um daran mitzuwirken, dass ein offener Kommunikationsraum erhalten bleibt, in dem unterschiedliche Sichtweisen fair präsentiert werden bzw. sich präsentieren können. Gelingt es, die unterschiedlichen digitalen Communities wieder ein Stück weit ins Gespräch zu bringen, kann der ÖRR einen wichtigen Beitrag zur gesellschaftlichen Integration leisten. Zur Realisierung dieses klassischen Ziels des ÖRR bietet das Cloud TV ein großes Potenzial. Es ist zügig zu entfalten, um dem gesellschaftlichen Trend der Fragmentierung und Entfremdung entschlossen entgegenzuwirken.

Ein weiterer Aspekt ist der der Partizipation. Anders als bei kommerziellen Medien wird die Möglichkeit der Partizipation vom ÖRR nicht aus ökonomischem Kalkül vorgesehen. Sie dient weder der Erschließung von Finanzierungsquellen noch dem Sammeln von Daten zum Zweck der Monetarisierung.[210] Vor dem Hintergrund des Partizipationsgedankens kann Programmerfolg nicht nur in Nutzung des Inhalts, sondern auch im kommunikativ-sozialen Effekt der Partizipation bestehen. Verstetigte Möglichkeiten der Nutzerpartizipation u.a. durch die Präsentation eigener Beiträge und der zielgruppengerechten interaktiven Kommunikation sollten deshalb beim Jugendangebot dazu beitragen, das Angebot „inhaltlich und technisch dynamisch und entwicklungsoffen zu gestalten und verbreiten" (§ 11g Abs. 2 RStV). Diese Ausrichtung ist eine Anpassung an den Trend, selbst als Inhalteproduzent aufzutreten und seine Inhalte über eine populäre Internetplattform zu verbreiten. All dies soll dazu dienen, die „demokratischen, sozialen und kulturellen Bedürfnisse der Zielgruppen" zu erfüllen (§ 11g Abs. 2 **Satz** 1 RStV).

---

210 *Staatskanzlei Sachsen-Anhalt*, Das Jugendangebot von ARD und ZDF – Konzept zur Vorlage bei der Rundfunkkommission der Länder, 2015, 18.

Eng verknüpft mit dem Gedanken einer erweiterten Partizipation ist die Bereitstellung von Inhalten, die den Nutzerkreis interessieren und ihn gegebenenfalls zu einem „Feedback" bewegen. Ein wichtiges Mittel ist hierfür das Instrument der Personalisierung. Der ÖRR wird sich kaum dem Trend verschließen können, dass praktisch alle elektronischen Medien und Netzwerke heute auch in personalisierter Form angeboten werden, um für den Nutzer attraktiv und relevant zu sein. Personalisierungen müssen aber selbstverständlich so gestaltet werden, dass die Persönlichkeitsrechte und das Recht auf informationelle Selbstbestimmung (Datenschutzrecht) strikt beachtet werden.

Der ÖRR ist in besonderer Weise verpflichtet, dass Vielfalt und Offenheit für angrenzende Inhalte erhalten bleiben und der Einzelne mit anderen Sichtweisen konfrontiert wird. Er muss sich darum bemühen, offene Kommunikationsräume in der Gesellschaft zu erhalten. Die neuen Instrumente des Cloud TV können dann so eingesetzt werden, dass sie dazu beitragen, den klassischen Vielfaltsicherungsauftrag zu erfüllen. Immer wichtiger wird es, die unterschiedlichen und voneinander separierten digitalen Communities ins Gespräch zu bringen. Distanz und Entfremdung zwischen unterschiedlichen Mentalitäten und Lebensentwürfen haben inzwischen ein Ausmaß erlangt, dass das Vertrauen in die bestehenden gesellschaftlichen Institutionen merklich gesunken ist. Vor diesem Hintergrund gewinnt der Integrationsauftrag des ÖRR neue Bedeutung. Das Cloud TV bietet hierfür neue Möglichkeiten der Beteiligung, Vernetzung, Inhaltspräsentation und Übernahme von Plattformfunktionen. Hierfür muss sich der ÖRR in rechtlicher und organisatorischer Hinsicht weiterentwickeln. Der ÖRR muss diese Chancen zügig nutzen.

Literaturverzeichnis

ANGA, Kursbuch – Medienkonsum der Zukunft, Berlin 2015.

ARD/ZDF-Onlinestudie, 2014, abrufbar unter: http://www.ard-zdf-onlinestudie.de/index.php?id=483 (Stand 09.06.2016).

Bethge, Herbert, Stand und Entwicklung des öffentlich-rechtlichen Rundfunks, ZUM 1991, 337.

Bethge, Herbert, Die rechtliche Ordnung des Rundfunks und sein Verhältnis zu anderen Medien, DVBl. 1986, 861.

Böckenförde, Ernst-Wolfgang/Wieland, Joachim, Die „Rundfunkfreiheit" – ein Grundrecht?, AfP 1982, 77.

Boyny, Jürgen, Entertainment immer und überall: Medienkonsum im Digitalen Zeitalter, gfu Insights & Trends 2015, Präsentation abrufbar unter http://www.gfu.de/fileadmin/media/downloads/Insights-Trends-2015-Boyny.pdf (zuletzt abgerufen am 09.06.2016).

Bozdag, Engin/van den Hoven, Jeroen, Breaking the filter bubble: democracy and design, Ethics and Information Technology, 17 (2015), 249.

Burmeister, Joachim, Medienmarkt und Menschenwürde, in: Dörr, Dieter/ Hümmerich, Klaus, Duale Rundfunkordnung für Europa, EMR-Dialog, Bd. 2, München 1992, 38.

Del Vicario, Michaela/Bessi, Alessandro/Zollo, Fabiana/ Petroni, Fabio/ Scala, Antonio/ Caldarelli, Guido/Stanley, Eugene/Quattrociocchi, Walter, Echo chambers in the age of misinformation, 2015, abrufbar unter: http://arxiv.org/pdf/1509.00189v2.pdf (Stand: 09.06.2016).

Die Medienanstalten, 17. Jahresbericht der KEK, Berichtszeitraum 01.07.2013 bis 30.06.2015, Leipzig 2015.

Die Medienanstalten, 5. Bericht der Kommission zur Ermittlung der Konzentration im Medienbereich (KEK), „Von der Fernsehzentrierung zur Medienfokussierung – Anforderungen an eine zeitgemäße Sicherung medialer Meinungsvielfalt", Schriftenreihe der Landesmedienanstalten, Band 49, Leipzig 2015.

Dolzer, Rudolf/Vogel, Klaus/Graßhof, Karin, Kommentar zum Bonner Grundgesetz, 123. Lieferung, Heidelberg 2006.

Dörr, Dieter, Sport im Fernsehen, Die Funktionen des öffentlich-rechtlichen Rundfunks bei der Sportberichterstattung, Frankfurt am Main 2000.

Dörr, Dieter, Die Sicherung der Meinungsvielfalt und die Rolle des privaten Rundfunks, in: Sachs, Michael/Siekmann, Helmut (Hrsg.), Der grundrechtsgeprägte Verfassungsstaat, Berlin 2012, 1349.

Dörr, Dieter, Aktuelle Fragen des Drei-Stufen-Tests, ZUM 2009, 897.

Dörr, Dieter/Deicke, Richard, Positive Vielfaltsicherung – Ein Beitrag zur Bedeutung und zukünftigen Entwicklung der Fensterprogramme für die Meinungsvielfalt in den privaten Fernsehprogrammen, ZUM 2015, 89.

Dörr, Dieter/Schiedermair, Stephanie, Ein kohärentes Konzentrationsrecht für die Medienlandschaft in Deutschland, Frankfurt am Main 2007.

Dörr, Dieter/Schiedermair, Stephanie, Die zukünftige Finanzierung der deutschen Universitäten, Ein Beitrag zu den verfassungsrechtlichen Vorgaben unter Berücksichtigung der Rechtsprechung zur Finanzausstattung des öffentlich-rechtlichen Rundfunks, Bonn 2004.

Dörr, Dieter/Schwartmann, Rolf, Medienrecht, 5. Aufl., 2014.

Eberle, Carl-Eugen, Netzneutralität. Determinanten und Anforderungen, in: Mehde/Ramsauer/Seckelmann, Staat, Verwaltung, Information. Festschrift für Hans Peter Bull zum 75. Geburtstag, Berlin 2011, 979.

Ebsen, Christian, Fensterprogramme im Privatrundfunk als Mittel zur Sicherung von Meinungsvielfalt, Frankfurt am Main 2003.

egta insight, Over-The-Top Television Services: A European Perspective, 03/2015, abrufbar unter: http://www.egta.com/documents/2015_egta_insight_02/index.html (Stand: 09.06.2016).

Eimeren, Birgit van/Frees, Beate, 79 Prozent der Deutschen online – Zuwachs bei mobiler Internetnutzung und Bewegtbild, Media Perspektiven 2014, 378.

Fink, Udo/Cole, Mark D./Keber, Tobias, Europäisches und Internationales Medienrecht, Heidelberg 2008.

Fink, Udo, Wem dient die Rundfunkfreiheit?, DÖV 1992, 805.

Frees, Beate, Konvergentes Fernsehen: TV auf unterschiedlichen Zugangswegen, Media Perspektiven 2014, 417.

Fritsch, Michael/Wein, Thomas/Ewers, Hans-Jürgen, Marktversagen und Wirtschaftspolitik, 7. Aufl. München 2007.

Frinck, Karin/Samochowiec, Jakub/ Gürtler, Detlef, Öffentlichkeit 4.0. Die Zukunft der SRG im digitalen Ökosystem, Gottlieb Duttweiler Institute 2016.

Gerhards, Claudia, YouTube-basierte Geschäftsmodelle von Bewegtbildanbietern – eine Option für Fernsehproduzenten?, MedienWirtschaft 2015, 14.

Gersdorf, Hubertus, Netzneutralität und Medienvielfalt, Kommunikation und Recht 2015, 1.

Goldhammer, Klaus/Kerkau, Florian/Matejka, Moritz/Schlüter, Jan: Social TV: Aktuelle Nutzung, Prognosen, Konsequenzen, Leipzig, 2015.

Goldmedia GmbH Strategy Consulting, Gutachten zu den marktlichen Auswirkungen Junges Angebot von ARD und ZDF, Berlin 2015.

Grabitz, Eberhard/Hilf, Meinhard/Nettesheim, Martin (Hrsg.), Das Recht der Europäischen Union, München 2015.

Grimm, Dieter, Schutzrecht und Schutzpflicht, Zur Rundfunkrechtsprechung in Amerika und Deutschland, in: Gegenrede: Aufklärung – Kritik – Öffentlichkeit, Festschrift für Ernst Gottfried Mahrenholz, Baden-Baden 1995, 529.

Groeben, Hans von der/Schwarze, Jürgen/Hatje, Armin (Hrsg.), Europäisches Unionsrecht, 7. Aufl., Baden-Baden 2015.

Grundmann, Stefan, EG-Richtlinie und nationales Privatrecht, JZ 1996, 274.

Gugel, Bertram, Sind YouTube-Netzwerke die neuen Sender?, in: Die Medienanstalten, Digitalisierungsbericht 2014, Leipzig 2014.

Habersack, Mathias/Mayer, Christian, in: Riesenhuber, Karl (Hrsg.), Europäische Methodenlehre, 3. Aufl., Berlin 2015.

Hahn, Caroline, Die Aufsicht des öffentlich-rechtlichen Rundfunks, Frankfurt am Main 2010.

Hahn, Caroline, Der Online-Auftrag des öffentlich-rechtlichen Rundfunks, ZRP 2008, 217.

Hahn, Werner/Vesting, Thomas (Hrsg.), Kommentar zum Rundfunkrecht, 3. Aufl., München 2012.

Hain, Karl-Eberhard, Rundfunkfreiheit als „dienende Freiheit" – ein Relikt?, in: Bitburger Gespräche 48, Jahrbuch 2007/1, München 2007, 21.

Hain, Karl-Eberhard, Die zeitlichen und inhaltlichen Einschränkungen der Telemedienangebote von ARD, ZDF und Deutschlandradio nach dem 12. RÄndStV, Baden-Baden 2009.

Hain, Karl-Eberhard/Brings, Tobias, Eine kritische Würdigung der Entscheidung des LG Köln, Urteil vom 27.09.2012 – 31 O 360/11 – Tagesschau-App, WRP 2012, 1495.

Hartstein, Reinhard/Ring, Wolf-Dieter/Kreile, Johannes/Dörr, Dieter/ Stettner, Rupert/Cole, Mark D./Wagner, Eva Ellen (Hrsg.), Heidelberger Kommentar zum Rundfunkstaatsvertrag, 64. EL., Heidelberg 2016.

Head, John G., On Merit Goods, FinanzArchiv, 1966, 1.

Herrmann, Günter, Hörfunk und Fernsehen in der Verfassung der Bundesrepublik Deutschland, 1975.

Hess, Thomas/Picot, Arnold/Schmid, Martin, Intermediation durch interaktives Fernsehen aus ökonomischer Sicht: eine Zwischenbilanz, in: zu Salm, Ch.(Hrsg.): Zaubermaschine interaktives Fernsehen – TV-Zukunft zwischen Blütenträumen und Businessmodellen, Wiesbaden 2004, 17.

Hess, Thomas /Picot, Arnold/Schmid, Martin, Intermediation durch interaktives Fernsehen: eine Zwischenbilanz aus ökonomischer Sicht, in: Hess, T. (Hrsg.). Ubiquität, Interaktivität, Konvergenz und die Medienbranche, Göttingen 2007, 127.

Hoffmann-Riem, Wolfgang, Regulierung der dualen Rundfunkordnung, Baden-Baden 2000.

Hoffmann-Riem, Wolfgang, Kommunikationsfreiheiten, Baden-Baden 2002.

Hoffmann-Riem, Wolfgang, Stadien des Rundfunk-Richterrechts, in: Jarren, Otfried *(Hrsg.)*, Medienwandel – Gesellschaftswandel?, Hamburg 1994, 17.

Holznagel, Bernd, Canada, in: Wolfgang Hoffmann-Riem, Regulating Media, New York 1996, 191.

Holznagel, Bernd, Der spezifische Funktionsauftrag des Zweiten Deutschen Fernsehens, Mainz 1999.

Holznagel, Bernd, Erosion der demokratischen Öffentlichkeit?, VVDStRL 68 (2009), 381.

Holznagel, Bernd/Dörr, Dieter/Hildebrand, Doris, Elektronische Medien, München 2008.

Holznagel, Bernd/Schumacher, Pascal, Kommunikationsfreiheiten und Netzneutralität", in: Kloepfer, Michael (Hrsg.), Netzneutralität in der Informationsgesellschaft, Beiträge zum Informationsrecht, Bd. 27, Berlin 2011, 47.

Holznagel, Bernd/Vesting, Thomas, Sparten und Zielgruppenprogramme im öffentlich-rechtlichen Rundfunk, insbesondere im Hörfunk, Baden-Baden 1999.

Immenga, Ullrich/Mestmäcker, Ernst-Joachim, Wettbewerbsrecht, 5. Aufl., München 2014.

Junklewitz, Christian, Warum UK der Vorreiter der Digitalisierung ist, 2012, abrufbar unter: http://www.dwdl.de/britishsummer/37425/warum_uk_der_vorreiter_der_digitalisierung_ist/ (Stand: 09.06.2016).

Kirchhof, Paul, Der Öffentlichkeitsauftrag des öffentlichen Rundfunks als Befähigung zur Freiheit, in: Abele, Hanns/Fünfgeld, Hermann/Riva, Antonio (Hrsg.), Werte und Wert des öffentlich-rechtlichen Rundfunks in der digitalen Zukunft, Potsdam 2001, 9.

Kluth, Winfried/Schulz, Wolfgang, Konvergenz und regulatorische Folgen. Gutachten im Auftrag der Rundfunkkommission der Länder, Hamburg 2014.

Koch, Wolfgang/Liebholz, Bernd, Bewegtbildnutzung im Internet und Funktionen von Videoportalen im Vergleich zum Fernsehen, Media Perspektiven 2014, 397.

Kunow, Kristian, Aktueller Stand der Digitalisierung in den deutschen (TV-) Haushalten, in: Die Medienanstalten, Digitalisierungsbericht 2014, Leipzig 2014, 34.

Libertus, Michael, Grundversorgungsauftrag und Funktionsgarantie, München 1991.

Meeker, Mary, Internet Trends 2016 – Code Conference, 2016, (zuletzt abgerufen am 25.04.2016).

Merten, Detlef/Papier, Hans-Jürgen, Handbuch der Grundrechte in Deutschland und Europa: Band IV: Grundrechte in Deutschland – Einzelgrundrechte I, Heidelberg 2011, § 105.

Monopolkommission, XX. Hauptgutachten, 2014.

Montag, Frank/Säcker, Franz Jürgen, Münchener Kommentar zum Europäischen und Deutschen Wettbewerbsrecht (Kartellrecht), Band 3, 2. Aufl., München 2016.

Musgrave, Richard A., Finanztheorie, Tübingen 1966.

Neuberger, Christoph, Welche Medien sind für unsere Meinungsbildung von Relevanz? in: Die Medienanstalten, Meinungsbildung und Meinungsvielfalt in Zeiten der Konvergenz, Dokumentation des Symposiums der Kommission zur Ermittlung der Konzentration im Medienbereich (KEK), Leipzig 2016, 67.

Neuberger, Christoph/Lobigs, Frank: Die Bedeutung des Internets im Rahmen der Vielfaltsicherung. Gutachten im Auftrag der Kommission zur Ermittlung der Konzentration im Medienbereich (KEK), Berlin 2010.

Neuhoff, Heiko, Rechtsprobleme der Ausgestaltung des Auftrags des öffentlich-rechtlichen Rundfunks im Online-Bereich, Baden-Baden 2013.

Newman, Nic/Levy, David A./Nielsen, Rasmus Kleis, Reuters Institute Digital News Report 2015 – Tracking the future of news, 2015, abrufbar unter: https://reutersinstitute.politics.ox.ac.uk/sites/default/files/Reuters%20Institute%20Digital%20News%20Report%202015_Full%20Report.pdf.

Niepalla, Peter, Die Grundversorgung durch die öffentlich-rechtlichen Rundfunkanstalten, München 1990.

Noam, Eli, Cloud TV: Toward the next generation of network policy debates, Telecommunications Policy 38, 2014, 684.

Ofcom, Public Service Content in a Connected Society, Ofcom's third review of public service broadcasting, London 2014.

Pankert, Gregory/Faggiano, Andrea/Taga, Karim, Future of the Internet, 2014, abrufbar unter: http://www.adlittle.de/uploads/tx_extthoughtleadership/ADL_LibertyGlobal_2014_FutureOfTheInternet_01.pdf.

Peiser, Wolfram, Riepls „Gesetz" von der Komplementarität alter und neuer Medien, in: Arnold, Klaus /Behmer, Markus /Semrad, Bernd (Hrsg.), Kommunikationsgeschichte. Positionen und Werkzeuge, Münster 2008.

Peters, Butz, Öffentlich-rechtliche Online-Angebote: Was dürfen die Rundfunkanstalten im Netz?, Baden-Baden 2010.

Picot, Arnold, Unternehmen zwischen Markt und Staat – Regulierung als Herausforderung, Schmalenbachs Zeitschrift für betriebswirtschaftliche Forschung, 2009, 655.

Picot, Arnold/Schmid, Martin, Wettbewerbsstrategien von Internet-TV-Strategien und Business Webs, Information Management & Consulting, 2006, 30.

Picot, Arnold/Dietl, Helmut/Franck, Egon/Fiedler, Marina/Royer, Susanne, Organisation – Theorie und Praxis aus ökonomischer Sicht, 7. Aufl. Stuttgart 2015.

Postinett, Axel, Amazon akzeptiert für Vorreiterrolle sinkende Gewinne, Handelsblatt, 2014, abrufbar unter: http://www.handelsblatt.com/unternehmen/handel-konsumgueter/die-schlacht-um-die-cloud-amazon-akzeptiert-fuer-vorreiterrolle-sinkende-gewinne/9803790.html.

Reese, Stephanie, Der Funktionsauftrag des öffentlich-rechtlichen Rundfunks vor dem Hintergrund der Digitalisierung, Frankfurt am Main 2006.

Ricker, Reinhart/Schiwy, Peter, Rundfunkverfassungsrecht, München 1997.

Riepl, Wolfgang, Das Nachrichtenwesen des Altertums mit besonderer Rücksicht auf die Römer, Leipzig 1913.

Robertson, Mark R., 500 hours of video upload to YouTube every minute [forecast], 2015, abrufbar unter: http://www.reelseo.com/hours-minute-uploaded-youtube/.

Roth, Alvin E., The Economist as an Engineer: Game Theory, Experimentation, and Computation as Tools for Design Economics, Econometrica, 2002, 1341.

Scheble, Roland, Perspektiven der Grundversorgung – Definition und Umfang, ZUM 1995, 383.

Sjurts, Insa, Einfalt trotz Vielfalt in den Medienmärkten: Eine ökonomische Erklärung, in: Friedrichsen/Seufert: Effiziente Medienregulierung – Marktdefizite oder Regulierungsdefizite?, Baden-Baden 2004, 71.

Sjurts, Insa/Malzanini, Bernd, Medienrelevante verwandte Märkte, Medienwirtschaft 2007, 42.

Staatskanzlei Sachsen-Anhalt, Das Jugendangebot von ARD und ZDF – Konzept zur Vorlage bei der Rundfunkkommission der Länder, Magdeburg 2015, abrufbar unter: http://www.medien.sachsen-anhalt.de/fileadmin/Bibliothek/Politik_und_Verwaltung/StK/Medien/Dokumente/Anlage_2_Konzept_Jugendangebot_FINAL.pdf.

Stiglitz, Joseph E., Volkswirtschaftslehre, 2. Aufl. München 1999.

Stock, Martin, Medienfreiheit als Funktionsgrundrecht: Die journalistische Freiheit des Rundfunks als Voraussetzung allgemeiner Kommunikationsfreiheit, München 1985.

Varian, Hal R./Farrell, Joseph/Shapiro, Carl, The Economics of Information Technology. An Introduction, Cambridge 2004.

Volkmer, Ingrid, The global public sphere, Cambridge 2014.

Wagner; Eva Ellen, Abkehr von der geräteabhängigen Rundfunkgebühr, Frankfurt am Main 2011.

Wieland, Joachim, Die Freiheit des Rundfunks, Berlin 1984.

Wissenschaftlicher Beirat beim Bundesministerium der Finanzen, Öffentlich-rechtliche Medien – Aufgabe und Finanzierung, Berlin 2014.

Wolf, Christopher, Der Kulturauftrag des öffentlich-rechtlichen Rundfunks in der Rechtsprechung des Bundesverfassungsgerichts, Frankfurt am Main 2010.

Zerdick, Axel/Picot, Arnold/Schrape, Klaus, u.a., Die Internet-Ökonomie. Strategien für die digitale Wirtschaft, 3. Aufl., Berlin 2001.

Zuiderveen Borgesius, Frederik J, et al.: Should we worry about filter bubbles?, Internet Policy Review 5 (2016), abrufbar unter: http://policyreview.info/articles/analysis/should-we-worry-about-filter-bubbles.

Studien zum deutschen
und europäischen Medienrecht

Herausgegeben von Dieter Dörr und Udo Fink
mit Unterstützung der Dr. Feldbausch Stiftung

Band 18   Sabine Groh: Die Bonusregelungen des § 26 Abs. 2 S. 3 des Rundfunkstaatsvertrages. 2005.

Band 19   Sylke Wagner: Das *Websurfen* und der Datenschutz. Ein Rechtsvergleich unter besonderer Berücksichtigung der Zulässigkeit sogenannter *Cookies* und *Web Bugs* am Beispiel des deutschen und U.S.-amerikanischen Rechts. 2006.

Band 20   Stephanie Reese: Der Funktionsauftrag des öffentlich-rechtlichen Rundfunks vor dem Hintergrund der Digitalisierung. Zur Konkretisierung des Funktionsauftrages in § 11 Rundfunkstaatsvertrag. 2006.

Band 21   Henrike Maaß: Der Dokumentarfilm – Bürgerlichrechtliche und urheberrechtliche Grundlagen der Produktion. 2006.

Band 22   Dorit Bosch: Die „Regulierte Selbstregulierung" im Jugendmedienschutz-Staatsvertrag. Eine Bewertung des neuen Aufsichtsmodells anhand verfassungs- und europarechtlicher Vorgaben. 2007.

Band 23   Johannes Gerhard Reitzel: Arbeitsrechtliche Aspekte der Arbeitnehmerähnlichen im Rundfunk. 2007.

Band 24   Ulf Böge / Jürgen Doetz / Dieter Dörr / Rolf Schwartmann: Wieviel Macht verträgt die Vielfalt? Möglichkeiten und Grenzen von Medienfusionen. 2007.

Band 25   Valérie Schüller: Die Auftragsdefinition für den öffentlich-rechtlichen Rundfunk nach dem 7. und 8. Rundfunkänderungsstaatsvertrag. 2007.

Band 26   Simone Naumann: Die arbeitnehmerähnliche Person in Fernsehunternehmen. 2007.

Band 27   Nathalie Hellmuth: ARTE – Europa auf Sendung. Verfassungsrechtliche Rahmenbedingungen für die Beteiligung von ARD und ZDF an supranationalen Gemeinschaftssendern am Beispiel des Europäischen Kulturkanals ARTE. 2007.

Band 28   Dieter Dörr / Stephanie Schiedermair: Ein kohärentes Konzentrationsrecht für die Medienlandschaft in Deutschland. 2007.

Band 29   Dieter Dörr / Simone Sanftenberg / Rolf Schwartmann (Hrsg.): Medienherausforderungen der Zukunft. Seminar zum nationalen und internationalen Medienrecht. Vom 06.–10. Dezember 2006 in Lech am Arlberg (Österreich). 2008.

Band 30   Nina Nicole Hütt: Zur Frage der Existenz von Hörfunkrechten des Sportveranstalters unter besonderer Berücksichtigung der Fußball-Bundesliga. 2008.

Band 31   Hans-Martin Schmidt: Rundfunkgebührenfinanzierung unter dem GATS. 2008.

Band 32   Julia Niebler: Die Stärkung der Regionalfensterprogramme im Privaten Rundfunk als Mittel zur Sicherung der Meinungsvielfalt durch den Achten Rundfunkänderungsstaatsvertrag. 2009.

Band 33   Jörg Michael Voß: Pluraler Rundfunk in Europa – ein duales System für Europa? Rahmenbedingungen für den öffentlich-rechtlichen Rundfunk in einer europäischen dualen Rundfunkordnung. Unter Berücksichtigung der Anforderungen der europäischen Meinungs- und Medienfreiheit. 2008.

Band 34   Nina Knorre: Die Abwicklung des Arbeitsverhältnisses nach erfolgreicher Statusklage im Rundfunk. 2008.

Band 35   Kai Friedrich Zentara: Medienordnung und Öffentlicher Diskurs. Die Pflicht des Staates zur Gewährleistung der Funktionstüchtigkeit des Öffentlichen Diskurses. 2009.

Band 36   Daniel Rudolph: Erhalt von Vielfalt im Pressewesen. Unter besonderer Berücksichtigung des publizistischen Wettbewerbs. 2009.

Band 37   Felix Heimann: Der Pressekodex im Spannungsfeld zwischen Medienrecht und Medienethik. 2009.

www.peterlang.com